U0601589

古道具
生活指南
——时代感老件器物 500 选

La Vie　编辑部　著

中国大地出版社

·北 京·

图书在版编目（ＣＩＰ）数据

古道具生活指南：时代感老件器物 500 选 / La Vie
编辑部编 . -- 北京：中国大地出版社，2016.7
　书名原文：古道具生活指南：时代感老件器物 500 选　ANTIQUE&JUNK STYLE
　ISBN 978-7-80246-871-9

　Ⅰ . ①古… Ⅱ . ① L… Ⅲ . ①古代生活用具—介绍—
世界 Ⅳ . ① K865.2

中国版本图书馆 CIP 数据核字 (2016) 第 087484 号

古道具生活指南：时代感老件器物 500 选
Gudaoju Shenghuo Zhinan:Shidaigan Laojian Qiwu 500 Xuan

作　　者：La Vie　编辑部
责任编辑：王雪静
出版发行：中国大地出版社
网　　址：http://www.gph.com.cn
电子邮箱：gphdzcb@sina.com
天猫旗舰店：https://zgddcbs.tmall.com/
社址邮编：北京市海淀区学院路 31 号，100083
购书热线：（010）66554518
传　　真：（010）66554518
印　　刷：北京缤索印刷有限公司
开　　本：889mm×1194mm　1/16
印　　张：15.75
字　　数：256 千字
版　　次：2016 年 7 月北京第 1 版·2016 年 7 月北京第 1 次印刷
京权图字：01-2016-1281
定　　价：98.00 元
书　　号：ISBN 978-7-80246-871-9
版权所有　侵权必究
维护正版　打击盗版　举报电话：（010）66554518

（如对本书有建议或意见，敬请致电本社；如本书有印装问题，本社负责调换）

序

"生活器物是唯一能跨越时代和语言的沟通媒介。"

在采访的时候曾听到这么一句话，是老板讲着迪斯科舞厅里，美式投币式点唱机的故事，述说着如何如何的交涉过程，来来回回被拒绝了数十次，直到一天接到舞厅老板的电话，说"店要收了，来拿你一直想要的点唱机吧"，终抱得老物归。若有所思然后摸着正坐着的旧木椅，说着这是当年我爷爷留下来的，你知道有 R 型脚的木椅搭配这个卡榫真的是经典中的经典，当时的木工做得多精细，现在都找不到修复的人了，雕雕琢琢，絮絮叨叨，讲的是五六十年代的老台湾。

同时，身为艺术工作者的他，住在店面的二楼，堆放无数正在整理的老物件，墙上挂了一张照片，是他用废弃车改造而成的大型作品。安静了一会儿，说了这么一段话："我觉得在生活中能继续使用，就是发挥老东西的最大价值，也是收藏的意义。这些老东西带着我们曾经向往或曾拥有的记忆，也是唯一能跨越时代和语言的沟通媒介。"说着说着，像是掉进历史的洪流。

接触了 18 位有着老灵魂的店主，看遍 500 件老器物，了解到经过的每一天都将是未来的考古，一个缺口都蕴含着一个故事，一抹痕迹即是数十年的一个习惯，在时尚快速流转变迁的时代里，流行与年轻从来不是唯一的选择。

问了老板们数十个问题，"一开始为什么会喜欢古物、老件？""它的魅力在于什么？""自己喜欢的老物风格是哪种？""认为古道具对你来说的意义？""推荐自己最常去挖掘古物的好地方在哪里？""要怎么开始收藏古物？""选择的重点是什么？"从感性到理性、从生命故事到挑选应用；有的像考古学家，研究一切背景知识，也要找到器物来到世上的源头，探访一位、两位、三位、法国的朋友、印度尼西亚的朋友、同界的收藏家、历史学者，过着谈论生活、讲究生活的日子。

他们开始收藏的理由不尽相同，或者因为过去与爷爷奶奶深厚的情感，曾在记忆中见过，像是勾起儿时回忆；或者因为看见时代的痕迹，各个国家不同年代；或者被残缺美学所吸引，老僧毕生奉行的侘寂美学；又或者内心深处的悸动与憧憬……等等。在最后一个单元里，每个店家的介绍，特别标出店主喜欢古道具的理由，就如上所述，各式各样的语气，千百种理由，却都不脱他们眼中的热情，与对于老件的不舍，和生活的感慨，他们说过的都是我们想说的。其实，风土民情的交融，时代之间的重合，没有一定的准则，只要能在自己的眼中发光，便是自己的古道具，剩下的对话即是放下书本后，那些拍不下来的太大太小的对象，理不清它们的历史了，既然时光机还没发明，就用生活来营造吧！

La Vie 编辑部　责任编辑　邱子秦

2016 年 2 月 20 号

目录 CONTENTS

2-2 客厅 — P045

沙发、吊灯、灯泡、煤油灯、电风扇、电话、开关、钟、唱盘、音响、留声机、收音机

专栏 2– 古物时代 ── P188

第三章　古道具旅行 ── P193

专栏 3– 古物美 ── P200

第四章　20 间世界古道具店铺— P202

专栏 4－ 古物收藏保养 — P236

索引 — P238

第一章
达人
谈古道具

"找到魔椅"的老板简铭甫，总是带着微笑，话语亲切温暖。

采访撰文 李苹芬

摄影 陈威文

1-1 找到魔椅

『拾荒者』简铭甫与魔幻欧洲杂货

老灵魂行旅世界各地，带回旧货的温暖故事

· ABOUT ·

简铭甫——台湾收藏欧洲二手杂货的第一人，曾留学法国，现为欧洲旧货的专业收藏家与卖家，创立"魔椅mooi""加工厂""地面补给bunker"和"找到魔椅 Mooi Trouvé"四家旧货店。开过咖啡店、二手家具店，乐于勇敢尝试自己喜欢的事物，酷爱结交各地朋友，从旧货中体会真诚、温暖的感动。

提到台湾的欧洲二手杂货，简铭甫几乎是公认的资深达人，他20年前赴法求学，偶然开始了欧洲旧货的收藏与买卖生涯。他特别喜欢柏林的跳蚤市集，因为那里的卖家是"真诚、实在地说故事"，从数十年或数百年前制造的物品中，人们仿佛能看见某段历史留下的时光碎片、一道折光，听见一段温柔吟唱的歌谣。

店内柔和的晕黄光线，使每件老物都显得可爱，令人想走近细细端详。

旧货收藏界的名人
对欧洲跳蚤市集如数家珍

简铭甫在台湾已开设"找到魔椅"等四家旧货店,虽是不同风格的商品,但同样都具有带人进入时空旅行的魔力。转进泰顺街16巷,原为台湾大学教职员宿舍的日式老屋安稳地栖息巷内,现已成为"找到魔椅"和找到咖啡这两家旧货店。

专事旧货买卖已10余年,他还有意将版图扩张到北京798艺术区。从小就爱"捡东西"的简铭甫,在光华商场度过了他懵懂青涩的少年时代,他买来的二手老旧背包,让妈妈又气又心疼,他大学毕业后一路循着旧货的气味来到福和桥下,走过10多年光阴,如今成了逛遍欧洲跳蚤市集的旧货达人。

与旧货的不解之缘
欧洲开启新发现

简铭甫于1995年赴法国念书,对这段经历,他回忆道:"欧洲假日的白天,街上没什么可以逛的地方,唯一会开门营业的是面包店,有天偶然发现了几个跳蚤市场,从此便一头栽进了旧货世界!"每年约有一半时间旅居在外的他特别喜欢柏林的跳蚤市集:"我喜欢跟德国人买东西,他们介绍东西毫不夸张,是实在、诚恳地介绍。"相较之下,他认为法国市集充满着编造的花俏故事,荷兰店家则是专业生意人,会随着旧货的"流行"进货。

简铭甫说:"荷兰卖家会向东欧的黑手党进货,比如有小学要拆了,黑手党会先拿走值钱的东西,

和简铭甫的另一家店"魔椅"不同,"找到魔椅"有很多19世纪30~50年代的杂货。

例如桌椅,荷兰人再向他们买。"

他每两个月出国一趟,秉持着"第一眼看到就爱上",加之与生俱来的"识货"眼光,使其每次购得的旧货都是自己喜欢的东西,并用开店的方式与他人分享。

世界的流浪者
天涯若比邻

为了搜集更多不同风格的旧货,他的"寻宝"路线遍布世界,从芬兰的赫尔辛基、荷兰的阿姆斯特丹,到保加利亚,再到埃及以及南美洲的布宜诺斯艾利斯,都有他的足迹。若待在柏林,他每个周末都会逛跳蚤市集,对此,他笑称:"已经像是'打卡'了!"

"我到市集会先跟店家打招呼,问问他们最近怎么样?而不是劈头就问这个多少钱。"他买东西最看重人情,也因买卖旧货在欧洲交了不少朋友,10多年下来,他也经历了店家的兴衰,看见他们生活、经济状况的种种变化,就像他在《念旧:跟着市集去流浪》里所说的:"原来市场上交易的不只有金钱,还有许多用天文数字也交代不完的人生。"

旅行欧洲,他一半像生意人,

一半像游客,并和很多柏林商家成为好友。他曾说:"真诚、真实的交往,不建立在任何利益关系或主顾关系上。"

"似曾相识"
人与旧物之间的微妙悸动

"第一眼看到它,就是似曾相识。"简铭甫挑选旧货时很重视"感觉",他会让自己处在放空的状态,感受物品与自己之间的奇妙连结,他很珍惜这种微妙悸动。

"你跟这些东西的年代明明距离很远,但总是会在第一秒钟产生感动。"他笑说,"我上辈子可能是欧洲人,拥有欧洲的老灵魂。"年轻时,他曾迷恋20世纪70年代后现代、太空风格,当时人类刚登陆月球,许多产品有飞机头的造型设计,比如台湾的"大同"电风扇,简铭甫说:"应该是所有男生都会经历的,喜欢玩具机器人、太空元素的时期。"现在他钟情欧洲旧货的多元和实用性,简单而温暖,仿佛带人看尽不同历史年代的故事,他也欣赏优雅的物品,如北欧家具来自大自然的曲线元素。

"10年后我可能会用烫金的

塑胶雪人玩偶、活版印刷的铅字盒、旧皮箱和梯子，混搭气氛间透出奇异的融洽感。

瓷杯喝咖啡噢！"他的笑道。他的品位会随着年纪改变，但是对旧货的澎湃却热情不减。

收藏故事
瑞士人杰拉德与《丁丁历险记》皮箱

有一回在柏林跳蚤市集，简铭甫遇见一个卖自制二手皮箱的瑞士人杰拉德，他卖的皮箱的箱面精心贴满了《丁丁历险记》的法文漫画内页，人潮络绎不绝，却无人问津。简铭甫上前攀谈，他们都讲蹩脚的德语，偶然间杰拉德口中冒出几个法语单词，两人又惊又喜，立刻改用法语交谈，他回忆："就像在异地遇到老乡，一见如故，聊开了。"

皮箱价格偏高，也不是简铭甫惯常的收藏风格，"但是被他的真诚打动了"的简铭甫买下了两只皮箱。四个月后他们在柏林重逢，杰拉德一直想联络他，见到他便问："你需要皮箱吗？其实我最近需要钱。"于是简铭甫便让他去买二手皮箱投入制作。杰拉德异地而居，一个月房租 300 欧元，一只皮箱售价 150 欧元，一头稀疏花发的他，

年近五十，瘦而憔悴，在陌生的大城市艰难谋生，几乎为零的销售数字让他的生活无以为继。简铭甫又加买了几个，还介绍认识的店家让他寄卖。

梦的草稿
一笔一画描绘

简铭甫店里陈设的商品都保有实用性，客人买回家，不仅是买了一件具有历史感的摆设，更是可以将旧物实际融入现代生活，延续旧物的价值。目前他在台湾开了四家欧洲旧货店，他感性地说："我现在做的事情很有价值，东西是越老越贵、越老越稀有，像店里大部分的东西已经不生产了，市面上很难看到，我的工作就是把这些东西分享给喜欢它们的人。"他建议旧货新手要多看、多问，并做足功课，总会慢慢摸索出自己的风格。

未来，简铭甫想拓展收藏风格，将目光转向夸张大器、金色雕花的家具上，也梦想在欧洲创业，或出一本描写欧洲跳蚤市集卖家的人物志。情怀未泯，"拾荒者"简铭甫将抱着热情继续飞往世界各地。

001 《丁丁历险记》手工二手皮箱

简铭甫于柏林跳蚤市集结识瑞士人杰拉德，他擅长制作皮件等艺术品，在柏林以制作手工品谋生，也曾旅居日内瓦。初识那天，简铭甫很大方地向他买下两只价格不菲的皮箱，带回台湾的店里，旋即受到热烈欢迎。这只皮箱上的《丁丁历险记》漫画以手工黏制，做工精心而细腻，老漫画透出的怀旧氛围令人爱不释手。

1950s｜德国｜价格店洽｜皮、纸

002 纯白针线盒

富有典雅甜美气息的纯白色针线盒，外形优雅简约，金属制的握把装饰细致，掀开外盖后，内部有木造的分隔盒，可以将小物分门别类。

1960s｜德国｜价格店洽｜木

003 迷你铜制摇摇马

精巧可爱的铜制摇摇马，马儿的线条逼真流畅、做工细致，散发淡淡的金属光泽，摆在书桌前或柜子上都是充满古典韵味的装饰。

1980s｜中国台湾地区｜价格店洽｜铜

004 塑胶皮诺丘玩偶

塑胶制的皮诺曹玩偶，重量轻巧，流行于东欧地区，是家境不富裕的孩子们最爱的玩具，四肢可以活动，颜色鲜艳，有着长长的鼻子、卷曲的金发和永恒不变的笑容，颈上的蓝色领巾因为时光的淘洗，斑驳地掺着红色。做为摆设，为空间添加些许童趣。

1960s｜德国｜价格店洽｜塑料

005 医院婴儿泡澡盆

原为医院用的婴儿澡盆，材质坚实，线条大方，质地光滑，有蓝和绿色的脚架两种。

1920s｜德国｜价格店洽｜珐琅

· ABOUT ·

"简——收藏古物近 10 年，古道具"的店主，崇尚侘傺美学，行迹踏遍东京、神户、京都与欧洲。曾从事音乐创作，为多位歌手谱曲，现专事古物搜藏、室内设计。2015 年 3 月开设"香色"，糅合古物、餐点与空间布置，为人们带来多层次的感官体验。

店主简对穿着装扮也有一套自己的哲学。

1-2 古道具

铁皮屋里的旧物新生命　简的侘寂美学

「这里的东西不能被估价，其价值决定于我心中的价值和意义。」

嘉兴街上的"古道具"，店主是简，他有着崇尚旧物的老灵魂，着迷于器物经自然使用后残留的生活痕迹，尤其喜欢日本古道具，他开店1年多来，引领着人们走进了古物世界。精致是美的本质，透过店内古旧的生活用品、简朴低调的室内设计，简实践着他的侘寂美学。

和谐的色调和质感构成的店景一隅。

生活的痕迹
独一无二的那件"古道具"

"古道具"一词,源自日文,原意是旧时的生活用品。台湾的简从六年前开始,在旅行日本时搜集各种式样的古道具,起初仅开放工作室供人们预约参观,人们的反响十分热烈,于是他决心开一家属于自己的古道具店。

经过半年的装修与布置,2013年底,"古道具"开业,坐落于宁静的嘉兴街。银白三角铁皮屋顶,衬着洁白的外墙,使路过的人们很难忽略这座特别的建筑。若到了夜晚,檐廊下的灯会散发柔和而清淡的光,仿佛为夜归的行人亮起,带着一股静定安和的力量。

店外的小空地,看似随性地摆放了几张户外桌椅,清一色原木样貌,各自带着不一样的斑驳,就像简所说:"这些东西都经过长时间的累积,也曾被人使用,留下不同的痕迹,成为独一无二的古道具。"说话时,简的双眼透露着温润的气息,爱物、惜物,进而引领更多人看见各种不同的旧物件之美。

属于自己的艺术
没有所谓的估价

"古道具"中的每样东西,都放在最能呈现其美的位置上。

原先,简在租住处堆满了他在日本旅途中搜集的各种古道具,后来他租下了这处废弃的空屋,用来打造"古道具",它曾是民宅、简餐店、成衣仓库,经过精心摆设与装修,最后成了现在的模样。简最初开店的想法之一,是想让大家认识日常生活器物的美,而所谓"艺术",就是每个人心中认定的美,那个独特、不容剥夺的东西,最终成了我们的"品味"。

"不像古董市场,每件物品都有它的'定价',这里所有东西的售价,等同于它们在我心中的价值和意义。"简会告诉刚入门的朋友如何欣赏古道具的美:仔细观察、安静地看,倾听内心真正的声音,正因为每个人对美的体会不一,平凡的旧物才能发出不同光谱的光线与色泽。

看见缺陷之美
简的侘寂生活美学

纯白墙上,悬挂着一个奇异、无法定义的物品,它总会吸引着人们的目光。那是一件生满锈蚀的铁具,极深的暗褐色,无数的细长铁条相互缠绕、卷曲,从某些角度看就像是人的肋骨,也像是一个人奋力挣脱束缚的身姿。这是一件用途不详的铁具,呈现着颓废而神秘的

美感。简说:"其实它是一块废铁,用途不明,可能经过人为使用,才变成了现在这种样貌。"

这件废铁非常完整地体现了"侘寂"的美感,这是一种残破、不规则、不圆满、不恒久的美,也代表了朴素、寂静、自然之美。Jin提到:"就像在日本尊为茶圣的千利休(1522 ~ 1591年),他毕生奉行侘寂美学,透过茶道实践侘寂美学,其一生为日本美学奠定了基础。"

侘寂,承认了三个生命中纯粹的事实:没有什么能长存,没有什么是完成的,没有什么是完美的。这些简单而真实的"残缺",成就了简的生活美学:"它是绝对主观的美,它教导我们,去观察与发现日常生活中不起眼的美,当你发现了,那就是属于你个人的,无须被任何人认可,亦是无可估价的美。"

凝结时光的"烂"东西

简回想起从前喜欢旧物、买旧物,身边的亲友无法理解:"为什么要买这些'烂'东西?"现在想来,他其实是直率地追求心中所好,并将梦想付诸现实。买回来的旧物,简不会特别修复或保养,除非有顾客特殊要求才会做处理,

店里与外面的世界井然二分，洋溢古老的生活章韵味。

否则他会保持它们原先的朴拙样貌："老东西老到一定的程度，例如这个铁锈、这木头上的纹路，会进入'稳定'的状态。"而这稳定的状态，宛如凝结了时光。

对于偏好旧物风格或形式，简并不局限一方，目前店内的商品多半来自日本，但以后他可能尝试探索欧洲等地的老物件，继续拓展平凡器物的艺术。

典型的追求
向往侘傺空间

"古道具"目前除了出售旧物、每两个月办一次艺文展览，也承接室内空间设计的案子，古董商兼室内设计师菲沃兹一直是简的灵感来源。不同于千利休将茶室的规模一再缩小，出生于比利时的菲沃兹虽然也贯彻侘寂的概念，但他却将空间放大，用大空间呈现低调、素朴而优雅的美感，在居家空间中和谐地融入了艺术、自然和古董元素，非常难得。

简说，最初接触古物收藏，卢信江是引领他进入古物世界的重要朋友，也一路影响、教导着他。卢信江目前在信义路开"艺廊祖鲁"。"第一样真的'古物'是跟他买的，现在放在我的另一间店'香色'。"简说道。两个人因古物结缘，成为好朋友，Jin 笑说卢信江的店是"古道具的古董版"，他专卖残破不堪的古董，同样传达了侘寂精神。

胡德如则是简最欣赏的国内设计师，她的代表作，位于天母的"陈季敏另空间"，是和服装设计师陈季敏跨界合作制作而成，其大量使用了老件布置空间，在隆重中加入了休闲的元素，休闲中又带着讲究，这也是她独特的设计理念。

不菲的梦幻逸品
裁缝店柜台

谈到心目中的"梦幻逸品"，Jin 压了压毛呢帽缘，腼腆地说："想帮'古道具'换一张柜台。"现在的柜台是一张古书桌，简朴的外观虽然也符合他的理想，但缺少了令人眼前一亮的特色元素。他最想要的是旧时裁缝店的柜台，有细致的雕花刻纹，但价格不菲。谈到此，简恢复了男孩本色，绽开笑容说道："不是努力找，是努力存钱！"

006 古道路铁片

最初是固定在马路上的铁片，极其天然的破损仿佛画出了山与海的轮廓。事物转化为大自然的模样，是古道具收藏者最为珍视的元素，赭红、暗褐与深浅不一的黑，沉着的颜色令人难以忽视。其中一片则印上了"古道具"的纯白字样，挂在店外一面斑杂的白墙上，以侘傺之美向人们宣告新感官的体验。

不详｜日本｜$ 非卖品｜铁

007 古青色玻璃瓶

日本制造的玻璃瓶，暗红、深黄色的标签还在，纸质古旧而纯粹，瓶身在清澈的阳光下泛着淡淡的青色。从前的用途不一，包含用于装调味料、燃料酒精和清酒等。瓶盖设计也很特别，有的以黑绳系着块陶瓷瓶塞，有的是马口铁盖，作为花器，单纯摆饰或其他容器，都令人耳目一新。

1980s｜日本｜价格店洽｜玻璃

008 古万国式视力表

以前的日本诊所测量视力用视力表，万国式又称为蓝道尔氏 C 字视力表。常见的视力表有两种，一种为 C 字，另一种为 E 字，特别的是，日本的视力表右侧还加上了平假名。纸张早已褪去原本的浅色，经历岁月风霜，展现着自然古朴的褐色。旧时的字体精致好看，印刷清晰，挂在墙上则为一幅古韵盎然的装饰图，为空间点缀了独特的样貌。

1940s｜日本｜价格店洽｜纸

009 古废铁

年代、用途与原貌皆不详的一件废铁，缠绕、纠结的铁线宛如诉说着生命的曲折与复杂，色泽深沉。侘傺美的废铁让人们探讨内心深处，问自己喜欢什么、想要什么？绝对的主观认定，无须他人的认同或理解，最终成就了一种自信之美。

不详｜日本｜$ 非卖品｜铁

010 古滑板车

最早滑板车的原型，亮红色原漆，有日本明治时期特有的"一字螺丝"。简说多年以前就想买下它，但老板不肯，有次再回到店里，老板忽然问他还要不要？最后 Jin 用比预期中"可爱"的价钱购得。

1890s｜日本｜价格店洽｜铁

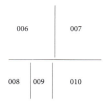

· ABOUT ·

Sophia——"达开想乐"
负责人，印尼老件的藏家，
于 2009 年成立达开国际，曾
任职于远东纺织、中兴百货、
Ralph Lauren（香港迪生公司
亚洲区代理），业界历练丰富。
于工作时汲取纽约时尚品牌的
经营精华，本质上则倾心于南
亚和东南亚风情；对质朴富有
生活气息的老件情有独钟，却
也不失对流行潮流的敏锐。是
家具商也是收藏家，总能在潮
流与个人品味间取得平衡。

Sophia 率真爽朗，坐在印尼图腾长椅上诉说着它的美好。

采访撰文 Alice Wang　摄影 陈威文　图片提供 达开想乐

1-3 达开想乐

返璞归真 索菲亚的南洋因缘

「当忽略别人眼光，只剩自己，你会想用什么样的东西？」

　　位于大稻埕老洋楼的"达开想乐"，有着三层楼的宽敞空间，这让一个个老件都能自在呼吸。陈列与收藏，充满了主人对老件的情感，置老件于最适位置，使其散发静默沉着的美感。拥有多年阅历，看尽流行时尚的流转与变迁，索菲亚最终选择了印尼老件，它们古朴率真，不对称不完美，但积累着文化历史，一抹抹深褐色都是长年生活的痕迹。

多层漆的斑驳古旧椅，在阳光的照映下更显温润。

时尚品位造就老件因缘
淘洗下的美学眼光

午后春阳和煦，索菲亚一袭简单白衫，谈笑风生。她倚着印尼柚木长桌，所坐的公园木椅，椅脚与扶手的雕镂，洋溢着荷式殖民风情。眼目所及，白漆纱橱、藤篮陶罐、织品、纸浆彩鸟，大块而朴实，每件物品都有着特别的身世，与人和空间的气质很契合，散发出几经淘洗历练而又率直的生活感，如同索菲亚给人的感觉。

长年丰富的工作阅历，培养了索菲亚古朴与时尚兼容并蓄的眼光。她在美国某品牌担任采购时，常到纽约出差，对国际品牌将商品陈设视为生活品位的呈现，而不仅止于出售商品的态度为她留下了深刻印象。其后她又因工作到印度、印尼采购，进而深受南亚、东南亚文化吸引，开始了其印尼老件的收藏之路。时尚与怀旧乍看冲突，但其实都是出于对美的选择。

空间与物
归属于自己的位置

"如果一间房里都是全新、配置好的家具，那这房间便无灵魂，没有了生活感。何不留给自己一些空间，再慢慢添置真正触动自己

的物品？"索菲亚坦言她虽欣赏时尚，但私心更偏爱老东西。大多数时尚潮流会快速消逝寂灭，而老东西是凝聚了一整个时代的文化，本身即蕴含着生活思想，渗透着人的温度与独一的美感。而时尚产业培养的敏锐、创新与多方借鉴学习，也让索菲亚对经营老件有更独到的眼光与呈现，她欣赏法国收藏家擅长运用老木头与铁件的自然特性做新诠释；也欣赏比利时艺术家菲沃兹将单物的本质之美，以侘寂精神纯粹有力地表现出来。

这样重视物件本质与自我个性的精神，也体现于"达开想乐"的空间，"我希望桌子这样陈列，能有看过书的感觉、有人的味道，也喜欢拿前卫一点的织品、工艺玻璃与部落老件参差穿插，想象这里曾有人活动、温度与品味的存在，而不只是样品屋。"环顾四周，索菲亚陈述着自己的空间理念，像在与这些老件对话。

千岛国多元文化
素民朴拙纯粹

被称作千岛之国的印尼，境内诸岛屿的原住民部落文化、荷兰殖民的近现代西洋文化，以及印尼北部的华人娘惹文化三者彼此交融，极其丰繁的文化风貌深深吸引了

Sophia。

她最初在巴厘岛挑选筷子等细巧家物，也曾在路边采买印尼老件，后来因为想收藏少数民族更具生活感的物件，便不再随机买货，而是每一两个月去一次印尼，深度探访苏门答腊一带的巴塔克、尼亚斯，爪哇一带的松巴岛、弗洛雷斯岛与明打威群岛等三大地区，不知不觉她也与几位印尼古物商、旅居南洋的欧美艺术家成了志同道合的朋友。她大多时候由朋友驾车游访聚落，若是较封闭偏远的地方，就相约在某一定点，由当地友人代为进入部落寻访。南洋老物浑厚开阔的生命力，同时吸引了这群原本散居在世界各地、互不相识的人们。

"我喜爱带点锈的老铁器，也喜欢印尼柚木：厚实耐用，偏白且纹理很美。"索菲亚历数店中老件，每一件都是她捧在手心的宝藏。

印尼老件独特之处正在于其大巧若拙，且色调多为内敛的黑与棕。"很酷，但很耐看的颜色。"她如此形容。比如由整块木头凿成的木桶、鱼篓，过去祭祀时顶在妇女头顶的托盘，家务时运用巧思捏塑的泥偶等，皆洋溢着素民纯真的生活感。看似质朴无华，却因充满生活痕迹与常住民美感而最耐看，能从容不迫地镇住整个空间，散发出不咄咄逼人却慑人的美。

每周都替换的植栽，蓬勃的生命与沉淀的老家具自然共生。

回归本心，选择真心
喜爱也想用的物品

谈到如何寻访老件，索菲亚描述这是一段漫长的发现旅程，不只是发现物品，更是由物品发现自己，学习从他人成规解放自己的过程。"不要认为自己的眼光有问题，为自己而活。"她说，"这当然也会有些孤独，需要一点运气与缘分，越是刻意搜索，结果往往适得其反。"她不会特意设定未来必定入手何种老件，觉得碰上了也喜欢，那就是好东西。反之，无心插柳的乐趣也令人惊喜，比如她手中研读的一本关于印尼尼亚斯民族雕塑的书，就是她在英国跳蚤市场东挑西拣中意外得到的小礼物。

常常有人会问她，会不会担心买到假货？要怎么分辨真伪？索菲亚淡然一笑，说："若是看对眼，也就没什么关系，要能接纳自己的失手。"第一眼看见老件时，她会在脑海里想象老件的未来、会出现在哪个位置的画面？完全是出于生活的考量、关乎使用者的，而不是被老件的过去所束缚。"我买的都是我可以用的东西。挑选标准讲白

一本本关于印尼文化、关于佬偬的书本散于店内，诉说着索菲亚的内心所好。

了很简单，要贯彻却很难：当忽略别人的眼光，只剩自己的，你会想用什么样的东西？"

生活，老件与风格的核心

"其实，我谈的那些老件的眉眉角角，总归一句，就是生活。"索菲亚轻声说，"选择印尼老件，来自对简单纯朴生活的认同，想过这样的日子，与这样的老件一同生活；品味与技艺的磨炼，也来自生活的思考；这 10 多年的寻访经验，点滴皆是人生。而收藏眼界一开，就如上瘾般再也回不去了，不会再委屈自己选择不符合自己品味的物品了。"

这条不归路，永远有收获有探险。索菲亚微微一笑，说了一段很诗意的比喻："就像一千零一夜的故事，你永远不知道下一晚，下一页会是什么样的新局。"

011　南洋自然风格艺术品

具南洋自然风貌的一系列艺术品，由右而左依序为木化石，隔壁为盛装黄色琉璃珠的加里曼丹陶器、搁置菜刀的木雕刀座及贝壳工艺品。器物年代难考，但皆印尼民生用品。木化石则是自然界至少万年前的树木埋入地下而形成的，历经地下水的化学沉积后，部分木体已呈现宛如玛瑙玉石的质感。

1800s ~ 1900s｜印尼｜价格店洽｜石、陶

012　古牛骨药盒

牛骨制的鞘状药盒，盖口处雕为深褐色的人头像，盒身漆成金色，饰富有民族风味的线条画，中空部分可以放药。印尼一般多以这种药盒存放槟榔。左方艺术品则为手工雕刻的椰子壳面具。

1800s ~ 1900s｜印尼｜价格店洽｜木

013　古娘惹米食厨具

此为马六甲、印尼北部，华人与当地人混血形成的娘惹文化中常见的米食厨具，木制、钝边长面，把手略带棱面以方便抓握，可用以切压、盛放娘惹糕等糯米食物。

1800s ~ 1900s｜印尼｜价格店洽｜木

014　古加里曼丹水壶

此为加里曼丹祈福祭典时专用的水壶。长颈、壶嘴开在浑圆瓶身的侧边，姿态优美，浅粉橘、藕灰的柔美表面已有些沉积的斑点渍纹。以壶中之水洗濯祭物、手，再进行仪式，用以表示洁净之意。

1800s ~ 1900s｜印尼｜价格店洽｜木

015　印尼老铁椅

印尼民间常见的铁椅，椅面有小圆孔，有多种漆色，可彼此叠放以方便收纳。在大型集会、宴饮时会使用这种铁椅。

1900s｜印尼｜价格店洽｜铁

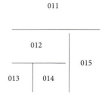

011

012

013

014

015

专栏
–1–
古物关键词

收藏、欣赏古物时，对于古物的称呼、早期的代表性材质、各种风格的诠释，
是在收藏界不能忽略的古物关键字，在此一一搜罗解密。

称谓

·古道具

源自于日文，道具在日文中本指物品的意思，是一个相当中性的字眼。当道具作为厨房道具，指的就是料理所用器具；作为文房道具，指的就是关乎书写的用品。道具涵盖范围较广，包罗万象，加上"古"字即是旧时的生活用品。平凡的物品经过时间的淬炼变成了宛如艺术品的古道具。

·旧货与老件

工业性质强烈，多指过去名家设计的设计师单品，有当时特殊的经典设计可辨认。虽属工业大量制造的产品，但市面上会因为年代久远致使流通量越发稀少，即使现代仍生产，也会因为用料、工法不同而使老件愈发珍贵。

·二手

二手货、二手家具等，一般来说其年代与现代相近，还会出现在跳蚤市集，意指经过使用，外观和功能仍完善却不再被使用的物品，借由交易、交换转给需要的人。

> **古董 v.s. 古物、旧货、老件、二手货、古道具、老东西**
>
> 古物、旧货、老件、二手货、古道具、老东西其实皆称所谓旧的、使用过的、年代久远的生活用品，只是习惯使用上每个人有些许的不同，但总括来说是一样的。唯不同的称呼即是古董，真正的古董需要经过鉴定，鉴定其价格、材质、年份、国家、制作者，这与古物的意义不同，古董的价值不在于使用，而是作为艺术品、收藏品欣赏。但现代人也泛指这些老东西为古董，在国外，古董则多指 1950 年前的东西，不特别做定义上的区分。

STYLE

·侘寂

"美其实只是一种与丑妥协的条件。"一词源自日文，侘寂则是其汉译。在禅宗中，"侘"原指远离尘世，"寂"指寒贫凋零；是残破、不规则、不圆满、不恒久的美；也代表朴素、寂静、自然之美。经过多世纪的变迁，两字之间的界定已暧昧难分，现日本人将两字视为同一义，因此多将其连用为"侘寂"。

禅宗的主题思想之一，正是反理性主义，因此"侘寂"有着暧昧不明的意义，即美学的蒙昧主义，是无法完全被了解、拥有神秘性的词汇。而日本茶圣千利休（1522～1591）透过茶道实践了侘寂美学，以"侘寂"奠定了日本传统美学的基础。其三个精神价值为：所有事物都是非永存的、所有事物都不完美、所有事物都未完成，这与西方的不朽宏伟的美学理念相反，在大自然中的绽放与繁茂中找不到"侘寂"，它只出现在初发与凋零之际。"侘寂"的材质则是受到自然现象的启发，也是老物最初能够辨识出侘寂表现的样貌——冻结的时间，物品的外观因为天气、人为使用而留下耗损痕迹，像是褪色、生锈、污渍、变形、皱褶、干裂、缺口、凹痕、疮疤或者各种形式的消退；不规则、不矫饰，不在乎传统品味，通常与古怪、畸形扯上关系，并呈现物的原始样貌，不需要市场文化的认可，克制而谦逊地融入环境与他物共存。

·容克风格

带点旧、不完美、斑驳和颓废的美感，容克风格不同于现代居家空间明亮、简单的冷冽气质，其元素也包含了早期常见的材质，铸铁、珐琅、黄铜、电木、藤编、混色玻璃；而设计上则是会重视早期各国家、年代的设计，结构、线条或者作工细节和特色，像一字螺丝、木头榫接、线圈开关等。

容克风格指涉范围广，容克风格、儿童风格、校园风格等各式过去的风格皆可涵括，运用旧物泛黄、泛褐的斑驳色彩氛围和铁锈、朽木、破损的时间记忆让空间抹上一股温润的魅力。也因为容克风格的彩度低，具高度的易搭配性，不管哪一种老件都能轻易地融入空间中，就像长久以来一直都存在在生活中的物件。

·工业风

工业风源自20世纪80年代的纽约，负担不起高额房租的艺术家们，于城市中的废弃仓库和厂房这些无隔间、有着大面玻璃的挑高空间中创作，开启了纽约特殊的空间形态。其空间主要元素有铁件、裸露砖、水泥及木头，其核心美学价值在于将旧有空间，如仓库、厂房，以及外露的水管空调、龟裂的砖墙水泥原始呈现，不多做添加与既有空间无关的元素，让空间本质自然发挥。后来，一些中产阶级也因羡慕这种自由的生活氛围，而将自家打造成类似的开放空间，其自由精神因而延伸到一般的室内设计，这种空间元素很适合运用在混搭风格的家居设计上。

而工业风家具承袭其精神，刚硬且富机械美学，多由名家设计。以椅子为例，1910、1925年、1944年以及1954年，可调节椅子高度的铸铁椅脚、包浩斯主义的博物馆典藏、第二次世界大战时期的铝材军事椅，片状金属结构粗犷坚固；而灯具最具代表的则是法国设计师的灯具、球型关节的多节灯臂设计及灯罩下缘的圆形铁框线，至今仍是辨识度极高的收藏经典。富有改造、操作及机构细节，都是工业风的内在精神演绎。

材质

·皮壳

皮壳为古物达人眼中的经典欣赏元素，是器
物在长久使用过程当中，木材、金属、珐琅、漆
面和皮革等材质，在空气和人为接触过后于表面
产生的油脂、剥落、龟裂、锈以及深浅不一的黄
色，因而造就了每一件器物的独特性，这是让藏
家爱不释手的关键。

·真鍮

原为日文，黄铜之意。是红铜与锌的合金，
因色黄而得名，锌的成分越高黄色越深。机械性
和耐磨性都很好，用于制造精密仪器、船舶零件、
枪炮弹壳等，过去的家中器物也多用此材质，色
泽具金黄质感，生锈后不同于一般金属的深褐色，
会产生孔雀绿的铜青。若要防止生锈，通常会镀
锡处理。

·铸铁

铸铁源于熔炉技术的发明，是含碳量在 2%
以上的铸造铁碳合金的总称，通常由生铁、废钢、
铁合金等以不同比例配合熔炼而成。粗犷、厚重、
原始，呈沉黑色，是历史上很经典的一种材质，
多用来制成锅具。14 世纪时的欧洲铸铁锅具制作
起来十分费工、费时，造价昂贵，为了防止不纯
熟的工艺造成破损，锅具笨重且锅壁厚。17 世纪
铸铁锅需求量变大加上锻造工艺进步，铸铁锅具
更加轻薄也适合大量制造因而得到普及。连历史
上知名的经济学家亚当·斯密都曾在《国富论》
中提到，"一个国家的真实财富不是来自于它所
拥有的黄金数量，而是在于它所生产的锅具总
量"，可见当时欧洲铸铁锅的普及。 18 世纪后，
随着工业革命发展及生活水平的提升，许多制作
铸铁锅具的大厂应运而生。以珐琅处理内外的铸
铁锅具也开始出现并流行。直至 19 世纪，不锈钢
锅、铝锅以及不粘锅等不同材质推出后，轻薄的
特性在市场上受到了极大的青睐，厚重的铸铁则
在市面上渐渐减少。

·电木

1905 年由德国人发明，是一种完全以合成方
式所产生的化学物质，也是第一个投入工业生产
的塑料，用粉状的酚醛树脂，加进锯木屑、石棉
或陶土等混合后，在高温下用模子压出成品，一
旦加热成型后，便凝固无法再塑造成其他东西，
多用于制作灯头、插座、开关、电路板等。特性
为不吸水、不导电、耐高温、强度高，早期多用
在电器上，如电视、音响、台灯等，因而称之为
电木。

·珐琅

又称搪瓷，起源于埃及，为施覆在金属上的

非晶质玻璃，具有保护作用，也能为单调的金属添上缤纷色彩。在金属表面进行瓷釉涂搪可以防止金属生锈，使金属在受热时不至在表面形成氧化层，并且能防止各种液体的侵蚀，易于洗涤清洁。18 世纪后，在欧洲开始流行以珐琅处理内外的铸铁锅具，又以饱和色系为大宗。

·赛璐珞

赛璐珞为一种合成树脂的名称，是历史上最早发明的热可塑性树脂，可说是塑胶的前身，以硝化纤维和樟脑等原料合成，会散发淡淡的樟脑香。1855 年由英国人发明。1870 年由美国制造公司登录商标时，被命名为此名。早期人型玩具、印章、镜框、梳子、粉盒，很多都是用赛璐珞制成的。缺点为极易燃，有着经过摩擦即着火的不耐久性，因此现在已鲜少使用，但桌球与部分钢笔仍然使用此材料。欧盟于 2006 年 10 月 26 日发布公告，禁止用赛璐珞制造玩具。一般多收藏多色混色的赛璐珞产品，原因在于即使是同款商品，也不会有一样的花纹，每一个都是独一无二的。

·马口铁

马口铁早期称洋铁，正式名称应为镀锡钢片。因为中国第一批洋铁是于清代中叶自澳门进口，澳门当时音译"马口"，故称之为"马口铁"。马口铁具有不透光、耐腐蚀、良好密封、锡的还原作用等特性，可形成完全隔绝环境因素的密闭系统，避色食物因光、氧气而劣变，或者受环境气味污染而变味，食品贮存的稳定度优于其他包装材质，至今仍是广泛应用的材质。很多现在以纸、塑胶包装的产品，包括烟盒、茶罐、味精罐、中药罐等，过去多以马口铁盒包装。

·萧条时期的玻璃具

它是指出现在美国、加拿大经济大萧条时期（1929 ～ 1933）的常见玻璃，颜色多为透明、粉红色、钴蓝、绿色和琥珀色，通常会做成成套的杯盘餐具，有些还有各式精致的切割纹、花鸟纹、漩涡状。当时的制造商以低廉的价格出售这种玻璃器皿给消费者、企业主，以鼓励消费者光临他们的商店。

玻璃内的气泡、形状凹陷不规则等缺陷是其的标记，原因在于它是以廉价的材料、不合身的模具制作而成的。随着时间的流逝，这种餐具越来越稀少，于 19 世纪 60 年代开始被广泛地收藏。

第二章
古道具选

017

2-1 阳台

中国最早的阳台源于宋代，当时称露台，戏子们在台上演出，人生幻梦，一幕幕交错翻飞。西方的阳台在18世纪后受巴洛克风格的影响，装饰日趋美轮美奂。现在，阳台多用于日常晾衣，也是从家通往外面的中介，或者择一个无事的浮云白日，于阳台方寸之间坐看静悄悄的时光。

016 印尼旧门

来自印尼的对开大门，薄荷绿与门框的精巧花纹相得益彰，接近地面的下半部的油漆几乎完全褪色，掺杂着浅褐、白色与黄色，使得整扇门具有自然的渐层美感。

017 中国台湾老信箱

历经数十年风霜的铁制台湾老信箱，表面布满铁锈，原本的蓝色油漆就像精心设计的图样，静静诉说着鱼雁往返的故事。

018 手型铜制门饰

这只手型的摆饰可当作门饰，做工十分精良，触感温醇。合拢的手指仿佛一个恬静女子的左手，作为门饰、壁饰都令人耳目一新。

021

020

019

O22

019 美国门

醒目的鹅黄色对开大门，满布严重的剥蚀痕迹，让门具有浅黄、深棕两种颜色，仿佛是大自然刻画的斑驳花样，透明的玻璃窗则是后来加之其上，恍惚间让人产生了时光交错之感。

020 英国门

在鹅黄色对开大门旁显得低调沉默的，是一扇暗棕色的门，不同颜色的油漆反复刷涂，呈现出复杂不一的样貌，旋转式的锁头仍保留完好。

021 日本窗户

透过这扇古朴的窗户，可以看见什么呢？不禁想象，从前它镶在日式老屋子上的光景。四方整齐地排列，严肃之美底下亦表现了日式建筑的低调与精巧。

022 自制桌子

以旧货素材重新翻修、手工打造的餐桌，浅浅白色的木板在阳光下透出清新的光度，手工制作的桌脚十分坚实，陪伴人们享用一顿美好的午餐。

经典代表

O23

法国麦地奇花瓶

鲜绿与黑白斑驳的古老花瓶

麦地奇家族是一个非常富裕的意大利家族，13 至 17 世纪在欧洲拥有强大势力。麦地奇家族的先祖是药剂师，这也是家族姓氏麦地奇的由来。意大利文中和英文中指的是药品，所以麦地奇家族的家徽上有六颗药丸，道出了家族以药品发迹的历史。因为他们是这风格花瓶的所有者，之后人们也就把同款式的花瓶称为了"麦地奇"。

1900s ｜法国 ｜ $32,000 ｜铸铁

绿色色彩独特

经典麦地奇风格

O23

024

美国百年晒衣架

利落变形

这是来自 100 年前的晒衣架，这件晒衣架有着伞一般的形态，不用时可收纳成圆筒状，跟现今的活动晒衣架有着相同的功能，却没有使用螺丝关节，而是利用木、铁的结构稳定，横向支撑就可以定位，太阳出来时一抽一拉，不多久就能享受带有阳光味道的干爽衣物。

1904s｜美国｜$9,800｜铁、木

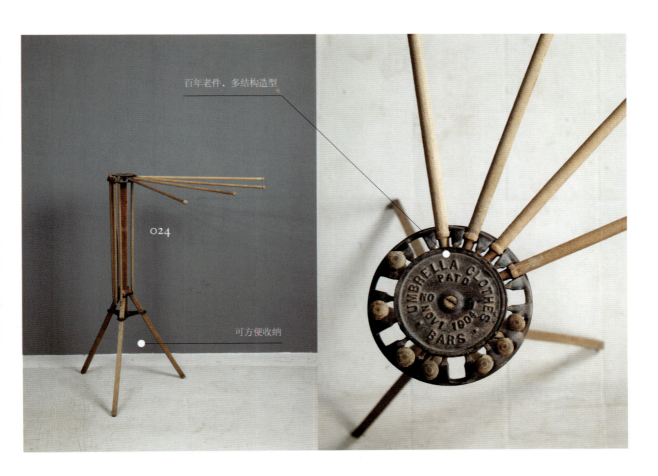

百年老件，多结构造型

024

可方便收纳

025

026

025　红帽小矮人　奇幻老味花园

曾在电影《天使爱美丽》中出现的神奇红帽小矮人，据说有土地公般的守护意义，是深受欧洲人喜爱的花园摆件。早期小矮人多为陶瓷制，此款为较近代，使用玻璃纤维制作而成。

1960s｜欧洲｜价格店洽｜玻璃纤维

026　老花窗　浅蓝色回忆

老屋渐凋零，各种造型的窗花也因老师傅逐渐退休以及建筑风气的转换而消失。浅蓝色、粉绿色有着中式花纹如剪纸般的美丽图腾，一直是台湾街头的特别风景，在过去，这些图腾有着吉祥的象征意义，至今即使摆放着都很美丽。

1960s｜中国台湾｜价格店洽｜铁

027～028　花洒＆水桶　手绘风情照料花朵

这两只手绘花洒与水桶，有着明显的铁锈褐色落。过去制造的产品结构脆弱，多焊接而成，花洒洒嘴的部分经常因撞击而断落，因此会在瓶身与洒嘴之间连上一支撑线以加强、稳固，花洒整体造型设计以实用为导向。不论是花洒或者水桶上的图案皆为手绘，不同的苹果大小有着不同的色调，正反面的不同绘画也有明显的手工痕迹，这样的手绘造型在 20 世纪 80 年代之后便因大量制造及印刷的普及而渐少。

1970s｜美国｜价格店洽｜马口铁

029　金属压纹垃圾桶　新乡村风装饰物

马赛克拼贴乡村民俗人物图案的垃圾桶，其实是印刷在金属桶上的压纹，在底部和桶口的部分已大量生锈。没有太过繁复的花纹，清新的色彩搭配可作为新乡村风的个性搭配物件。

1970s｜美国｜价格店洽｜马口铁

030　老台湾椅凳　多种意象的童年回忆

泛黄照片中的褐色矮凳，是阿公抽烟时翘脚坐的凳子，或是帮不够高的小孩子看戏班演出时垫脚下的凳子。座面有圆形的洞，透气也好拿取；从上方看，像个铜钱的造型，老人家都会说"搬来挪去钱都流进家里来"。椅凳下方结构糅合着日本文化，像是日本忍者投掷的飞镖，让人不禁为当时老木匠的手艺会心一笑。

1950s｜中国台湾｜价格店洽｜木

| 025
\|
026 | 027
\|
028 | 029 | 030 |

031

032

034

033

031 古烟灰缸 一 图徽与古铜的结合

一只烟灰缸，不同于现今市面上常见的造型，铜制圆球形上有凿刻的图徽，古朴而真实，挖空的圆心中盛载着抖落的烟灰，三个圆孔中突出放置烟的小台，每个细节都透露出设计者的用心。

1980s ｜日本｜价格店洽｜铜

032 古烟灰缸 二 银白的六角形烟灰缸

六角形的银色器皿，俯瞰宛如星辰，又像一朵盛开的花。这是古时人们的烟灰缸，如今看来，就像一件赏心悦目的艺术品，器皿底部有着烟灰留下的污渍，六个角各有着笔型凹槽，是当年放烟的地方。

1980s ｜日本｜价格店洽｜铁

033 古火柴盒 用不完的火柴盒

陶制的火柴盒，不易耗损，仿佛拥有一辈子点不完的火柴。红绿相间，上面的刻纹依稀可见，握在手里、放在口袋中都有一个实在的重量，宣示着它强烈的存在感。

1960s ｜日本｜价格店洽｜陶

034 古剑山 三角形木花插

剑山是插花时花瓶底座固定花朵的器具，多为圆形或方形，以适应花瓶的形状，但这只古剑山，形状为三角形。其材质也不同于现代的金属或软橡胶材料，而是以木头为底，因为长期遇水使用，泛出了深浅不一的陈迹。

1980s ｜日本｜价格店洽｜铁、木

035 美国旧烟草盒 吞云吐雾的潇洒性格

早期美国铁制烟草盒，摊开纸倒上烟草自己卷烟是那个年代的吐雾风情。需要指出的是，1970 年以后的烟盒侧边都规定要标印条形码，而这两罐烟盒皆无条形码的印刷，可推测是年代更久远的产物。

1970s ｜美国｜$ 380｜铁

036 ～ 038 各国蔬果饮料旧木箱 粗犷利落的方体

采自欧美各国，为运送蔬果或汽水啤酒的旧木箱，因为必须乘载相当的重量，都以木条或实木打造。旧木箱四面则多标示原放置物的种类名称、工厂名称，甚至是地方名或国名，并有着不同字体组合。这些相当耐用的旧木箱，现今用来种花草或是收纳书报杂志，有着浓厚的粗犷风味。

（36）1970s 荷兰｜$880｜木 　　（37）1970s 丹麦｜$1,480｜木 　　（38）1970s 丹麦｜$1,680｜木

```
031
|
034    035    036
              |
              038
```

039　双色凳　农家风格最佳物件

来自美国乡间小屋的小凳，拥有恰到好处的斑驳以及岁月带来的色差，呈现出一种自然的生活情调。浅蓝加粉白的组合，营造出慵懒轻松的度假氛围，而橘红和木本色的搭配，则带有一些浪漫的异国感。带着农家风格的小凳，别于装饰性强烈的乡村风格物件，有着既现代又舒适自在的调调。

1960s ｜美国｜$4,980 ｜漆装木料

040　美国活动毛巾架　抢眼立体陈列

原先矮扁的木条堆，经过简单却精巧的结构设计，拉提之后成了美式传统毛巾架。通风的设计，原是用来风干毛巾、浴巾，到了现今则用来展示蕾丝绸缎，或是简单垂挂领带丝巾，具有很难让人忽视的存在感。

1960s ｜美国｜价格店洽｜铁、木

041　早期脚踏车电铃　老单车趣味配件

提示警告单车通行的脚踏车铃，常见的是旋转型车铃，用拇指扳动撞击而发出清脆的声音。除了这样传统圆形响铃外，早期台湾也有许多特别的单车配件，图中方形"钻石"牌脚踏车专用铃，有着红色抢眼色调，内部安装电池使用，只要按压就能发出警示铃声，在当时算是"科技化"的脚踏车铃！

1950s ｜中国台湾｜$ 350 ｜铁

042 ～ 045　老工具　斑驳工人精神

台湾老工人使用的工具，有不少工具的历史可追溯到 19 世纪末，当时的传统扳手，是使用螺丝旋转来调整宽距；而木柄小耙子是凿冰器；左上两支弯嘴夹是鞋匠专用；右下则是划圆工具。每个工具都有自己的分工，尽责地让生活更美好。

1895 ～ 1945s ｜中国台湾｜$ 200 ～ 1,200 ｜铁、木

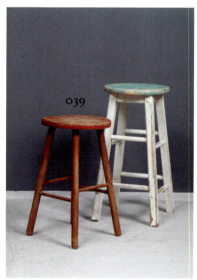

041

042

043

044

045

046

o47

o48

046 木制老梯子　人为使用后的种种痕迹

木制的老梯子，一深一浅的两把梯子上也因使用方式的不同，带有了独特的痕迹，如点状、块状的各色油漆，令人联想到过去的使用者在其上面粉刷墙面的景象。又如带有无数白色磨痕的梯子，或许是长期摆放在工具间，人们经常使用其上上下下留下的生活形迹。

1950s ｜法国、德国｜价格店洽｜木

046　｜047　｜048

047 德国折叠脚梯　散发古旧之美的多用途家居脚梯

德国常见的家用折叠脚梯，最上方踩脚处贴上了一层木皮，铁锈与脱落灰漆形塑斑驳之美。平日可收拢作为小凳，需要使用时将活动铁梯向外旋出，搭成三级小阶梯。可作为室内、庭院用的梯子，也可作为边几、椅子，或于每层阶梯放置书、水杯、球鞋等家居用品作为置物架。

1950s ｜德国｜ $ 4,800 ｜铁、木皮

048 意大利伞架　奇趣横生的普普风

由意大利设计师设计的知名伞架，有多款色彩。当这只伞架收拢成一只不起眼的白色圆柱时，很少人能看懂它原本的用途，但顺着轴心一圈圈拉转出六层小槽时，则是令人惊艳的伞架。每一圆槽可以放一把伞，底座有几个小孔，导流雨水。宛如旋转梯，有着后现代普普风的优雅与俏皮兼具的设计感。

1970s ｜意大利｜ $ 14,800 ｜塑料

049

049　法国小男孩头像石砖　雨水淋过的男孩肖像

法国早期贵族人士的花园里常见的家饰配件，肖像可能来自亲族中的男孩，经历长远时光，最初洁白的石膏已覆上不容易清洗的脏污，雨水的淋蚀也造成了如今斑旧的模样。男孩的眼神内敛安静，雕刻家以精准的工法呈现了他柔软的卷发和稚嫩五官。

1920s　|　法国　|　$26,000　|　石砖

050　法国花园灯　电力公共路灯的元祖之一

早期法国使用的路灯都是工人利用煤油点火来使用，这是 20 世纪 20 年代其中一支刚开始使用电力工作的公共路灯。简朴大方的外表，超越时空的艺术风格限制，如今看来仍是一盏兼具美观与实际的灯具，经过重新改造、接线后，插上插头即可使用。

1920s　|　法国　|　$ 非卖品　|　铸铁

051　法国铸铁铁窗　蓝灰色的独特雅致美

蓝灰淡雅的色调衬托出法式铸铁的工艺美，对称整齐的花纹设计，在秩序中又展现着优雅温柔的美感，与洛可可艺术的风格一脉相承，在 20 世纪仍保留其韵致。

1930s　|　法国　|　$28,000　|　铸铁

049　050　051　052

052　法国古董洛可可花园椅　贝壳般回旋的弯腿椅脚

法国洛可可艺术流行于路易十五时代，约 18 世纪 30 年代最盛，当时深受中国风格影响，一反巴洛克风格的宏伟与极致华丽，洛可可家具采用许多优雅自然的曲线，轻快的装饰宛如贝壳的回旋纹路，细腻与优雅成为洛可可的代名词。这把洛可可风格的花园椅以铸铁打造，椅背上充满着蜷曲如藤的细致雕刻，洛可可特有的弯腿椅脚上镶着八个小天使的头颅雕刻。

1880s　|　法国　|　$ 48,000　|　铸铁

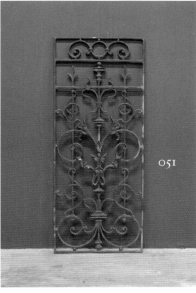

老物新用途

053　滑轮盆栽

以前

　　过去工厂、家中常用的双向省力滑轮，下方有一坚实铁钩可悬吊重物，至今仍能顺滑操作。圆形木质素具是早期才会使用的自然风材质，长年使用使其呈现出深沉褐泽的颜色。

以后

　　将铁钩上悬挂老水桶，洒土种花作为盆栽，可操作滑轮随意调整盆栽高度，浇水或作为院景摆设方便惬意。水桶的铜边、脱漆本身就很有味道，也可将水桶倒挂凿空，加装灯具线路改装成灯。

　　1940s｜美国｜滑轨 $2,880 整组 $10,000｜木、铁、麻绳

054　生态采集箱

以前

　　造型特殊的马口铁箱，是早期学校常见器材，上生物课时可用作外出背包，用来采集生态标本。箱体呈扁长型，正面有掀盖，可放入搜集的植物或昆虫，两侧有穿环设计，用来固定绳带用，方便携带，搜集新发现的物种。

以后

　　老生态采集箱的背带已经不堪使用，将背带拆下后，用简单的铁丝穿过固定，挂在门口可以当成信箱使用。宽口的掀盖恰好可以放入各种尺寸的信件，加上箱盖是下掀式的，邮差使用也顺手，马口铁材质可以很好地防止信件被淋湿。或者作为老机车侧箱，配上皮绳，也是外出实用的背包。

　　1950s｜中国台湾｜价格店洽｜马口铁

055 法国铁盒

以前

来自法国的长方形铁盒，层层斑驳剥落的油漆底下是原始的铁锈，粉色、黄色与蓝色的油漆以不同的姿态剥落，形成一种宛如经过设计的美感。洁白的墙与斑斓的色彩产生了奇异的对比。

以后

转换摆放方式，钉于墙上用于置物、摆放蜡烛，成为特别色调的蜡烛盒。

1900s ｜法国｜$ 非卖品｜铁

056 古晒干货架

以前

这件形状特殊的奇异铁架，最初是人家用来晒肉干、鱼干的架子，铁制材质重量沉重，透过它可以描绘一幅古时人们辛勤生活的图像。粉蓝色原有着日本昭和时代的流行色彩，经过数十年人为与自然风化，原漆已斑驳，显露出本的铁材质。

以后

细长竖立的铁支架可以用来挂折叠伞，雨天时摆在门口或院落，挂上各种不同色彩图案的伞，伞上的雨水能自然风干，为实用古物添上另一种崭新用途。

1930s ｜日本｜价格店洽｜铁

057 古铁桶

以前

原为美国牛奶桶，整个造型犹如小牛奶瓶的放大版，两侧有提把，双耳牛奶桶方便移动位置，瓶口呈现向外扩的样子，瓶身的红色编号印字已斑驳得无法辨识。现今牛奶桶多用不锈钢材质。

以后

尺寸高度正好适宜长伞。布满了腥红的铁锈，锈斑密密地盖住了其最初的样子，不规则的纹路与色调，成就了它的独一无二，醒目的锈红，别有一番风景。

1960s ｜美国｜价格店洽｜铁

058 法国酒庄晒酒瓶架

以前

法国酒庄使用的晒酒瓶架，原物十分巨大，十四层架子可以挂满数十个酒瓶，整体铁灰色的色调带出沉稳的优雅风貌。

以后

作为衣帽架、包包架或各类置物架皆非常得宜，除了放置生活用品，也能适时以小物点缀装饰，成为一件美观与实用兼具的旧货。

1920s ｜法国｜价格店洽｜铁

059

061

2-2 客厅

　　客厅，是 18 世纪末时，简·奥斯汀（1775 ～ 1817，英国小说家）捏着稿纸一字一句微颤着写下《傲慢与偏见》的地方，也是现在我们与亲人相聚的场所，人们在这里闲聊、读报或看电视，实践生活最纯朴简单的一面。

059　古砧板

　　来自比利时、意大利、法国等地的砧板，或圆形或方形，原木的材质和色调也稍有不同，细微地反映出各地不同的自然环境与风俗习惯。

060　纺织厂工作台

　　最初为纺织厂的工作台，因有着不同的使用痕迹显露出的迥异的色纹，富有存在感地散发着古旧气息，又与现在合而为一。

061　19 世纪法国人像

　　法国的铜制人像，已有 200 多年的历史，沉静的姿态仿佛正在宁静地凝视着周遭的世界。

经典代表

O62

美国乡村风沙发床
既是沙发也是小床的美式经典

一般美国人家中都会有一把舒适的摇椅，一张长沙发，使人回到家便感到彻底愉悦与放松。这张 20 世纪 60 年代的绒布沙发床，正提供了这样温馨的氛围。平日是舒适的靠背厚沙发，若有朋友来访，将坐垫移开，握住中央把手提起弹簧床面向外拉，慢慢放稳床垫脚架，便可打造临时温暖小窝。手工车缝的绒布织纹，每张沙发都略有不同。沙发的土黄色调亮眼而温暖，当时家具偏好橘红、亮褐、土黄等活泼大胆的用色，轻松且温馨。

1960s ｜ 美国 ｜ $28,800 ｜ 绒布

功能完善的弹簧两用沙发床

土黄绒布的亮眼色调

手工车缝布面织纹与绣花床面，乡村风温馨调性

O62

爱迪生滚筒留声机
各式情怀的声音史

发明之王爱迪生创造了许多新事物，但据说所有发明物中他最钟情的还是留声机。1877年爱迪生创造了一台内附两支唱针的机器，只要对着送话口说话，一只唱针会将声音震动刻画在滚筒上，播放时则使用另一支唱针重现声音，这便成了最早的录音机。其中的小故事是，当时爱迪生对着送话口说话时，他对留声机说的第一句话竟是一首童谣《玛丽有只小绵羊》。

爱迪生留声机的年代早于唱盘留声机，约在 1888 年才将这一发明量产，推出了留声机。

1890s-1910s｜美国｜价格店洽｜木、铁

蜡筒
储存声音的圆筒

爱迪生留声机的"唱片"呈滚筒状，大小如罐装可乐。早期为锡箔制滚筒，量产化后改为蜡筒，是爱迪生留声机的专利品，罐外都有爱迪生头像，也是经典收藏。

蜡筒从 1888 年量产时，同时期伯林纳（发明家）推出了圆盘录音法，使得这两种录音系统如战争般纠缠了近 30 年。但由于蜡筒无法克服唱针偏滑的不稳定性，加上受限于一卷只能录音 4 分钟，爱迪生留声机终被低价卖出，在 1929 年美国经济大萧条时期退出了市场。

1890s ~ 1910s｜美国｜$200 ~ 500｜蜡

065 意大利电扇　富含科技遐想的设计师电扇

电扇曾荣获 1953 年的设计奖项，也收入博物馆典藏。其宛如飞机涡轮的造型，证明电风扇的雏型上投注了对飞行工具的奇想。

1953s｜意大利｜$ 30,000 起｜铁

066 斯特林引擎热气扇　保存早期动力发明的百年古董热气扇

超过百年的古董热气扇，扇叶偏小，纯铜瓶状外观典雅精致，以斯特林引擎为驱动力，由底部煤油瓶加热，气体受热带动配气活塞向上运动，再靠热气循环转动机械，是现代汽缸引擎原理的先驱。在 20 世纪初期，电力尚未成为主流动力时，各式各样的动力原理相继被发明应用，因此掌握这时期古董的运作原理加以保养、还原，是最具挑战性之处。

1900s｜德国｜价格店洽｜铜

067 美国"奇异"古董桌扇　小巧沉实的百年纯铜电扇

纯铜制的百年古董桌扇，可微调三段风速与角度。中央轴心处刻有美国大公司奇异的正厂缩写标志，纯铜扇叶因氧化而略略转黑，外罩铁丝呈现出优美的花式弧线。"奇异"古董电扇因相当抢手，市面上颇多仿冒，辨认方式一为辨认正厂品牌纹饰"G.E."，底座有铜牌序号，仿品多标为"S.E"；二是老件螺丝为当时通用的"一"字形，仿造品螺丝多为"十"字形；最重要的差别在于古董多为纯铜，沉稳扎实，而仿冒品为了节省成本，多以塑胶包铜，从重量与触感上也可感受出差异。

1920s｜美国｜价格店洽｜铜

068 古法国小煤油灯　优雅细致的百年历史灯品

有近百年历史的法国煤油小灯，黄铜灯座质感温润，转轴细链与灯座厂牌的刻纹十分细致。灯柱中央的转轴可调节油灯亮度，往上转调亮，往下转则调暗，可依照光线需求或煤油用量斟酌使用。附有提巴，可提在手上四处行走，也可将其挂在墙钩上作为壁灯。如花苞的圆球玻璃灯罩上缘各有不同角度的倾斜，或许是当时的玻璃制作工艺并不成熟，所以才造成了这样的不规则，但也因此使得每款小煤油灯之间都有小小的差异。

1920s｜法国｜$ 3,000｜铜、玻璃

069 EDISON 爱迪生古董电风扇　电扇最早最朴素的原貌

这台是 19 世纪 90 年代由爱迪生通用公司生产的小巧桌扇，可以说是现代电扇的鼻祖，最能呈现电扇发明伊始的雏形：使用比 110 伏特更古老的 6 伏特电压，后方马达线圈裸露，可清楚看见发电构造；当时的金属技术尚不足以制造能完全覆罩扇叶的金属外框，所以是以纤细、间隙大的细框保护铜制扇叶。因选用纯铜、纯铁质料，体积虽小但仍颇具分量。当时古典机械、煤气与电力等各式动力推陈出新，相隔数年，器物发动方式与机构便可能有差异。后代收藏者则要回溯、掌握当时发动原理才能加以修复。

1890s｜美国｜价格店洽｜铜、铁

070 企业肖像狗　音乐界经典小白狗，体现生活真挚情味

品牌狗的原主人去世，由主人的画家弟弟收养。某一夜晚，弟弟看见小狗坐在留声机旁聆听流泻而出的主人的声音，弟弟便画下了这幅狗儿听主人声音的情景。全名为"他的主人的声音"，用以纪念这段人与狗的深情故事。

1950s｜美国｜价格店洽｜陶

071 古董发条风扇　小巧发条，展现风扇最初代风姿

这只铜制小风扇给予人相当复古素朴的印象，既不靠煤也不靠电等任何近现代动力，而是靠古典工业时期的机械发条驱动。想吹多久的风，便需上紧一定时间的发条。当时尚无制作金属外壳的技术，因此六片扇叶尚无外壳覆罩，因长年使用，边缘也有些绿铜锈。

1900s｜美国｜价格店洽｜铜

065	068	069
066		
067	070	071

068

069

070

071

072

073

072 ～ 073　奶油玻璃吊灯 & 玻璃波浪边吊灯　空中漫舞的裙灯

早期灯具所用乳白色玻璃独有种温润的特质，因此常被称为奶油玻璃或牛奶玻璃，无论是线条刻画还是造型都十分干净细致，灯头收线有如少女纤细的腰身，让人联想到跳舞的圆蓬裙。另一盏玻璃制的小灯的边缘则是波浪式的，点亮灯泡透出澄黄光晕，配线垂吊而下，好似漫步空中的双人舞。

1980s ｜ 中国台湾 ｜ $2,600 ｜ 玻璃、铜

074 ～ 075　蛋糕灯 & 跳舞灯　层层装饰的华丽之作

台湾早期的奶油玻璃吊灯的种类相当繁多，图中经典的两款是最常见的，一简一繁。第一款是奶油玻璃灯中最大型者，实锥体造型，逐层有不同的立体花纹，一圈圈装饰着灯具，又得"蛋糕灯"之名。用于早期有钱大户人家的玄关或客厅。第二款奶油灯较为小巧，属于常见款式，跳舞裙摆造型较普普风，色彩也多款，有白、黄、粉等。

1895s ～ 1945s ｜ 中国台湾 ｜ $5,500 ～ 9,000 ｜ 玻璃

076 ～ 078　老挂钟　滴答走响童年记忆

日本早期家庭用挂钟外盒为实木钉制，采用发条动力配合钟摆摇动，运作时会发出平稳的"滴答、滴答"细声，每当准点便"当当"敲响，声音回荡在老房子里，令人联想到日本早期童谣"古老的大钟"。除了家庭用挂钟，体型较大的实木圆挂钟多见于公共场合，如车站、医院等，钟面为珐琅材质，框体为实木制，早期这个品牌的时计商品有不少贩售到了日本。

1930s ～ 1970s ｜ 日本 ｜ $4,000 ～ 13,500 ｜ 实木、珐琅、金属

079 080 081

082

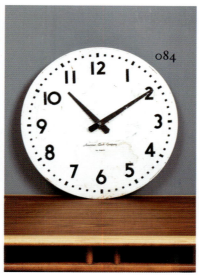

079 ~ 081　"奇异"老电扇　叶片泄露老身世

老电扇的经典品牌"奇异"曾出过各式种类的电扇。铜叶片的六英寸风扇为 1924 年制造，铁制铝叶片为 1932 年制造，深色款为 20 世纪 30 年代制造。一般来说，奇异电扇的新旧年代可从风扇叶片所用的材质来简易判断，使用铜的产品年代较早期，其次为铁，次之为铝，近代也有塑胶风扇的产品。

1920s ~ 1940s｜美国｜$10,000 ~ 32,000｜铜、铁、铝

082　"德律风根"收音机　聆听经典包浩斯

德律风根公司是一家德国著名的电器制造商，创立于 1903 年的柏林，以收音机制造最为闻名。流行于 1952 年的德律风根收音机，以流线型设计出名，木头制的曲线型外壳，采用家具制造工法，面板的百叶造型结合塑料，整体洋溢着包浩斯年代的精神，也深具 Art Deco 年代的迷人风采。

1950s｜德国｜价格店洽｜木、塑料

083　金属唱片架　给黑胶金色的家

来自美国的黑胶唱片放置架，20 世纪 60 ~ 70 年代，是黑胶唱片、唱盘、留声机最蓬勃的年代，这只黑胶唱片架可容纳黑胶方形外盒 32×32 厘米的宽度，下方以线条的方式凸起为固定一个个唱盘，而上方线条优雅的台面结构也能放上一杯咖啡或是威士忌，让人沉浸在浓浓的音乐里。

1970s｜美国｜$7,800｜金属

084　插电式挂钟　离不开墙的钟

这只美国时钟，特别的地方在于它的通电方式。一般来说，不论是欧洲还是其他各国的挂钟都是依赖电池供电，可以任意地移动摆放，但早期美国的挂钟为插电式的，后方延伸的一条线需要找到供电插座才能使用，这使它离不开墙面。

1960s｜美国｜价格店洽｜铁

085　太阳老挂钟　热情洋溢的特色插电时钟

这款时钟不以电池供电，而是较少见的接电线的插电式时钟。太阳造型外框夸张抢眼，是普普风的一大特色，在当时极为流行，四层光芒皆有细腻清晰的雕刻线条，深具装饰性。

1960s｜美国｜$4,880｜铜

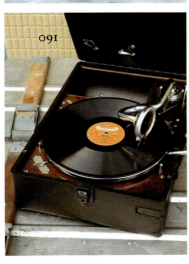

086 古董手提电话　世纪末时髦科技

20 世纪 20 年代的手提式电话，木制箱体包含了机身、话筒与摇杆，使用时必须外接好电话线，快速手摇发电后才能使用，堪称是最早的手机。不过它能通话，不能拨号，是接线年代的产物。除了手提电话，18 世纪末至 19 世纪初风靡的科技产品还有相机。

1920s ｜ 英国 ｜ $ 15,800 ｜ 实木

087 "柯达"蛇腹相机　胶片时代的相机

最早的相机款式为蛇腹式相机，使用的是玻璃底片。这款柯达蛇腹相机生产于 20 世纪初 10 年代，技术比早期产品进步许多，体积较小如手提包可收起，底片也改为胶片。英国柯达制造，数量相较于美国产的更为稀少。

1910s ｜ 英国 ｜ $7,500 ｜ 金属

088 美国"哥伦比亚"留声机　乐音悠扬的喇叭花

老留声机的经典品牌包括英国、美国的。这款老哥伦比亚留声机约是 20 世纪初 10 年代的产品，型号为 NO.480，设计上保留了古老留声机的喇叭花造型，九片花瓣有着立体雕刻，精致典雅。木箱座内安装了发条动力，靠手摇运作，原理如同机械表，可播放 78 转的唱片。

1910s ｜ 美国 ｜ $100,000 ｜ 铜、橡木

089 意大利立扇　360 度旋转

意大利早期出品的立扇。杆柱可调节高度，最高可至 225 厘米。风球状的扇叶与外罩设计十分特别，可 360 度旋转，也是少数可使用 110 伏的欧洲电器。现今在意大利，这样子的立扇数量也相当稀少。

1950s ｜ 意大利 ｜ $ 100,000 起 ｜ 铁

090 古柏林火车站时钟　火车站大厅的报时老钟，见证了无数行旅时光

原是悬吊于柏林火车站大厅的时钟，由德国品牌"西门子"制作。圆形钟面仅有咖啡色涂漆与阿拉伯数字，并无太多装饰雕花，展现了德国简洁实用的设计特色。外圈是 12 小时制，内圈则是 24 小时制，以方便乘客与站务人员注意日夜时间。它多年来为无数旅人精准报时，是极其稀有的交通钟表类老件。

1930s ｜ 德国 ｜ 价格店洽 ｜ 铁、玻璃

091 德国携带式留声机　保存如新，质感精良的音乐类古董

有别于沉重精致的喇叭花留声机，携带式留声机更轻巧，开车、郊游时更能尽情聆听喜爱的歌曲。这台 20 世纪 20 年代的携带式留声机由德国与英国知名唱片公司合作制造。采用手摇发条操作，靠钢制唱针划过 78 转电木唱片，产生振动而发音。外盒是坚固精致、可上锁的墨绿皮箱，内盒印有公司商标，转盘、唱针、共鸣箱与喇叭一应俱全，钢针振膜选用较老式的云母片，后期留声机则多选用铝制振膜。轻转手把，属于老时代的乐音盈盈流泻，往日时光，令人悠然神往。

1920s ｜ 德国 ｜ $30,000 起 ｜ 金属

```
086        │    089
 |         │
088        │    090
           │
           │    091
```

092 ~ 098　欧美古门把组、工业感开关组　讲究的生活气息

　　三只宛如哑铃的老件为美国门把组，有纹饰华丽的铜制门把，与黑、白陶瓷两件，浑圆握把造型相当典雅。其余物件则是欧洲各国的工业感开关组：铜拨杆，外观是电木、铸铁或铜制，内里则是陶制。法式开关通常为造型复杂华丽的花瓣形，英国的则素面偏小，大多是圆形，也有方形，中央圆钮较为明显。德国开关款式则较为简洁。基本上欧洲开关款式皆可流通，各国有大致的风格趋向，但并非各国界线绝对分明，例如在德国也可找到富丽的花瓣开关老件。另外在美国与台湾地区的老公寓，则常用长方形，俗称翘鼻子的开关。

　　1940s｜欧洲、中国台湾｜门把各 $2,500（换锁重配 $3,500）开关各 $1,000｜铜、陶瓷、电木

099　英国手提留声机　尼波犬眷恋的好声音

　　以"狗听喇叭"商标闻名的留声机，出品公司前身为留声机公司。1899 年由英国负责人买下英国画作《尼波与其主人之声》后，以尼波的形象作为商标，此后尼波便成了史上仅次于史奴比的名犬。此款为生产于 1920 年的留声机，设计为手提式，播音、发条都隐藏在盒中，盒面绷上皮革，是早期有钱人家户外宴客或旅行的奢侈品。

　　1920s｜英国｜$ 35,000｜铜喇叭、橡木

092
|
098
────────

099

100	
101	
102	103

100　爪哇白纱橱　来自南洋的亲切古早味

此件纱橱有着华人传统家庭生活文化的影子，仿佛我们台湾阿嬷的古厝也有这样一个纱橱，具通风、防虫的功能，第一眼看去颇具亲切感。四方形的简单式样与有些许黑渍的纱，白漆则带有些现代、洋化的风味，色泽温润而不刺眼，开关使用频繁之处与边角的漆料有些斑驳。

1800s ～ 1900s｜印尼｜价格店洽｜木、纱

101　印尼桌子　文化无声镕铸

由柚木制成的印尼桌子宽大坚实，有着中国习用木桌的影子，作为展示桌、写字读书、喝茶吃饭之用。抽屉开口在中央的柜型与略带装饰的柱脚，又是爪哇家具习见的样式。整体造型平实，并不多做雕绘，因年代久远在桌面、柜面皆自然产生了深浅不一的斑驳暗纹，这种岁月的纹理或许就是它最美的妆容。

1800s ～ 1900s｜印尼｜价格店洽｜木

102　法国路易十六壁炉装饰品　内敛的点缀之美

早期贵族人士利用这样的五金来为自家的壁炉做点装饰，有着典型的路易十六时期的风格，直线、直柱与直角的接合，外框为长方形，也保留着新古典主义的花饰。如今可配置在任何空间与墙面来作为美丽点缀，两侧雕有精细的壶，花叶繁茂，不过于夸张的设计在今日看来也值得细细品味。

1850s｜法国｜$28,000｜黄铜

103　法国古董转机电话　罕见的转机电话款式

造型独特的转机电话，也是古董市场上少见的款式，全黑色的设计简单大方，具法式风情。

1940s｜法国｜非卖品｜胶木

104

105

106

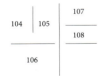

104 稜镜玻璃吊灯　刚柔并济的绝版风格老件

此灯具由发明者（法国科学家）与土耳其裔工程师共同命名，意思代表完满、明亮的发光体。这款 1930 年的圆罩吊灯风格典雅，灯罩内圈的铝边与铸铁支架则展露出刚硬金属美。最特别的是经典的稜镜玻璃设计，可使光线于每个角度折射起来都柔和、充足，为早年工厂作业环境提供了理想照明光源，是公司引以为傲的专利，也是 20 世纪中期工业艺术的代表。稜镜玻璃将原本工业灯的粗犷调性，融入增添了几分优雅柔美。此款吊灯目前已不再量产，是难得的稀有老件。

1930s｜法国｜$48,000｜铸铁、铝、玻璃

105 古鞍马牛皮沙发椅　由体育鞍马改制的舒适长椅，展现欧洲生活巧思

由鞍马改装成的老沙发椅，是少见的改装体育老件。椅座是男子竞技体操使用的木制鞍马，坚实松木质材，椅脚有扣环可钉在地板上。早期鞍马多由木头包裹金属，再于上方包裹皮革制成"马"的主体，现在则多采用塑料或合成金属。而欧洲人于木座上方加装一层质感厚实的纯牛皮，便将鞍马改造为舒适的长沙发椅、穿鞋椅。若选用更厚实长大的牛皮，可再调整圆形为有靠背的沙发。因皮革与木料材质实在，工法也细，所以 20 世纪 50 年代使用至今仍保存良好，皮革与木质焕发出温醇质感。

1950s｜德国｜$4,800｜松木、牛皮

106 拨盘式老电话　经典黑白老电话诉说 20 世纪 60 年代的风情

现代通讯日新月异，连上网络、开启通讯软件，瞬间超脱了时空围限，亲听甚至见到了远方亲友的面貌嗓音，这对 20 世纪 60 年代的台湾人而言几乎是科幻电影的情节。在通讯并不发达的当年，拥有一台电话是极时髦的新鲜事，台湾初期的电话颜色大都鲜艳，后期多为单纯黑白色，经典的 4 号电话是当时通行的款式，且有着早已被数字按键取代的拨盘，无怪人们总说"拨"电话，这该是从早年生活袭传的。

1960s｜中国台湾｜$3,500 ~ 4,000｜塑料

107 "飞利浦"太空电视　摩登黑红带你"回到"太空时代

电视机有着宛如航天员头盔的球体外观，是太空时代的产物。从 1957 年苏联发射第一颗人造卫星到 1969 年阿姆斯特朗登陆月球，人们开始真实地接触外太空，地球以外的世界无限扩大同时无限亲近，此时期出现许多太空风格的家具与电器，承载着人们的太空梦。飞利浦从二战后开始制造电视机，当时电视是富庶家庭有余裕才购买的电器，为纪念第一台黑白转彩色的机种，飞利浦推出此经典纪念款，黑红二色十分摩登，整体保存完整，打开外盖就是电视荧幕，就像开启了无远弗届的科技世界。

1960s｜中国台湾｜$18,000｜塑料

108 弹头型电风扇　子弹风扇科幻风格

20 世纪 60 年代风行的太空风格，立式的电风扇有着子弹型的外表，流畅的曲线和简约的配色有着太空风的鲜明特色，三片蓝色的扇叶边缘带有些微褪色与暗沉，显出时光的经过。

1960s｜中国台湾｜$15,000｜塑料

109 ~ 111　老开关　精巧细致通电钮

从老建筑拆下来的老开关，陶瓷底座与金属面板，小巧的拨钮开关设计，造型可爱。有的开关设计为旋转，为早期吊扇或工厂厂房所使用，背景的方形开关则是特殊的金属狮面像，是罕见的早期触碰式开关，洋溢着华丽的巴洛克风情。

不详｜中国台湾、欧洲｜$500 ~ 1,200｜陶瓷、塑料、铜、铝

112　迷你老灯泡　老电器的生命之光

迷你老钨丝灯泡十分精巧，无螺丝纹灯头使用了黄铜金属，它延续了 20 世纪 20 ~ 30 年代 B22 的规格，具有早年灯泡的特色。仅拇指大小的尺寸，推测用在汽车的后车灯，大约适用 1950 ~ 1980 年间的车款，更小的则是用在无线收音机上；一颗圆形玻璃灯泡则为早年品牌"奇异"（G.E.）生产，灯头印有商标刻纹。年代虽久远，但装在 B22 规格灯具上仍然可正常导电发光。

1920s｜欧洲｜$500 ~ 1,000｜铜、玻璃、钨丝

113　双涡轮电风扇　手提行动电扇

古董循环扇，常见为 10D1 型号，全身铁造外壳，加上铁制风扇叶片，其阳刚的形象，慑服无数工业迷。除经典款外，它也有特殊型号，如此款双涡轮电风扇，具有独特可携带的手提设计，两具迷你风扇可以合并使用，也可以拆出独立运转，多功能设计十分有趣。

1950s｜美国｜价格店洽｜金属

114　直立式电话　设计师经典老电话

直立式电话发明于 1940 年，由瑞典易利信公司生产制造，流行于 20 世纪 40 至 60 年代。直立式电话是相当经典的设计。最特别之处在于其没有机身的精简设计，所有机能都藏在听筒当中，白色的直立式转盘电话是历史上第一支手持式电话，拨话方式依旧使用转盘式。

1940s ~ 1960s｜瑞典｜$3,600｜塑料

115　飞机电话　特殊款

飞机电话是由北电网络于 1885 年制造，拨钮设计在螺旋桨上，话筒则挂在机身上，造型特殊罕见，经典涂装的机身是淡橙色，底舱是红橙色，若是采用暗橙色螺旋线则是原创作品。

1885｜瑞典｜$6,000 ~ 7,000｜塑料

116　"迪斯尼"黑胶唱机　企业跨界趣味作

罕见的企业联名之作，由"迪斯尼"跨界生产的黑胶唱机，糖果般的涂装、手提箱式的设计，打开后其内部有米奇图案，并巧妙地将唱针悬臂与米奇的立体手臂相结合，看起来有如玩具，但却是货真价实的黑胶唱机，令向来属于成熟大人的黑胶世界多了趣味玩心。

1960s｜美国｜$5,800｜塑料、金属

```
109     |      112
  |      |
111     | 113 | 114
```

114

115

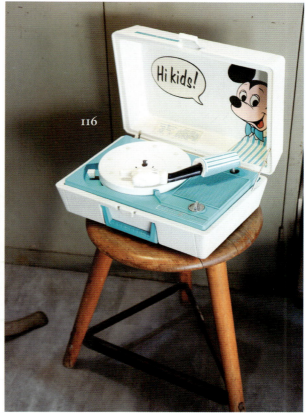

116

117	121
|	|
120	124

117 ~ 118　"哥伦比亚"黑胶唱机与唱片　美国爵士，百转千回的黑色年代

　　图为美国老牌"哥伦比亚"黑胶唱机，是音响界三大巨人之一，与美国爵士音乐家1937年发行的黑胶唱片专辑相匹配，用当时代的唱盘听当时代的歌声，有着时空交错的声音回荡。

　　1930s ｜美国｜价格店洽｜塑料

119　荷兰电风扇　小巧明艳的老式电风扇

　　数十年前欧洲常用的家用电风扇，体积小巧，红色三角扇叶与方中带圆的铁线外环是的经典标志，红色扇叶大胆亮丽。

　　1960s ｜荷兰｜$8,000｜铁

120　美国工业电扇　轻巧耐用的老牌电扇，呈现了美国旧时光

　　体型娇小的美国工业电扇，长宽高均不超过50厘米。偏圆大的不锈钢扇叶，是工业扇的特征，为人带来更强的风力，同时覆以同心圆外框。上半部机身为铁灰色，下半部浅绿色实心铁座予人清爽又复古的印象，可变换三种风速。

　　1960s ｜美国｜$8,000｜不锈钢

121 ~ 124　古英国开关零件组　从欧洲老屋拆解的灵魂碎片

　　来自欧洲老房子内部的门锁、开关等零件组合。圆钮开关为塑胶制，石膏内装；方形灯具开关分单开、双开两种，表面有些细小刮痕与沉淀色泽；从不同的门拆下另外摆设的门锁组，因长年使用有些泛黑、锈迹、甚至扭曲。这是遍布每个家庭的日常家居构件，以一种轻巧微小的姿态，展现着过往生活的痕迹。

　　不详｜英国｜$1,000 ~ 4,000｜铜、铁、电木

125 维也纳报纸架　两种尺寸适宜报纸与杂志

在维也纳咖啡馆中常见的报纸架，属于较近代的产品，造型简洁利落，具有温和的纯粹的木质触感。

1980s｜奥地利｜价格店洽｜木

126 古收音机　德国老牌美丽纯木

此收音机为德国老牌，其保留完整的绝美外观总是吸引着来者的目光，纯木音箱，材质精纯，色泽偏红。广播功能正常，现在连接"U"口，可直接播放计算机或手机中的音乐，旧时的歌谣低低吟唱，仿佛在一间冻结时光的屋里漫舞。旧物经过精心的翻新布置，不仅留存了古典风华，也继续着它实际的生活功能。

1950s｜德国｜非卖品｜木

127 老收音机　百年历史的酒红色收音机

以电木为主要材质的收音机，表面坚实，在近百年的历史淘洗下，历久弥新。耐高温、不吸水也不导电的电木，是许多家电零件如开关、灯头的原料，1905年德国化学家贝耶尔偶然发现后，被广泛运用于生活。这只收音机醇美的酒红色透出优雅气质，现作为音箱使用。

1910s ~ 1930s｜德国｜$15,000｜电木

128 古煤油暖炉　英国知名老牌煤油暖炉

与人们耳熟能详的故事主角"阿拉丁"同名，炉身表面全为珐琅，内部为铁，搪瓷表面形成了美丽的裂纹。早期日本从英国代理进口，炉有代理商打上的铁牌。将外罩盖上后，可透过圆形的小窗口观看燃烧的状况。煤油燃烧完全时会呈现蓝色的火焰，这是"阿拉丁"品牌的特色。常见于日本人的家中与店内，现在仍可正常使用。

1960s｜英国｜价格店洽｜珐琅、铁

125	
126	
127	128

老物新用途

129 老弹珠台茶几

以前

日本老弹珠台茶几，最初仅有一只木制平面，成为一般夜市游艺场常见的式样。

以后

仔细选搭与弹珠台木料颜色相仿的老茶几脚，并重新加装一副耐用的玻璃罩后，便成了富有设计感的茶几。可以放置茶具、艺品，同时还可欣赏玻璃罩下的弹珠台装饰。深具实用功能，又完整地保留了往日的童趣。

1950s｜日本｜$ 9,500｜木

129

130

131

130　老行李箱音响

以前

　　挑选自己中意的行李箱或手提箱，最好是木制、皮革等自然材质，好的木头能完整地传递声音，而这往往是材料结实的老行李箱常用的材质。

以后

　　将整个行李箱作为共鸣箱，箱内加装、固定音响设备，可选择将传声线路拉出外接，也可选择内建好的一整组携带式音响。丈量喇叭大小后挖凿其中一边的箱面，使喇叭等传声器材与操作旋钮外露，与皮箱表体嵌合，便成为造型别致有韵味的音响。在美国，不少人都会这样发挥创意，改造自家旧行李箱或工具箱。

　　不详｜美国｜非卖品｜皮、木、音响组合

131　手摇钻孔器吊灯

以前

　　老式手摇钻，使用时一手握紧木柄，一手摇转齿轮增加转速，最下方的构件为夹具，可夹住钻头向下钻物。

以后

　　于原本应夹装钻头的夹具处改为装电灯泡，再于上端木柄握把绑上绳索，将手摇钻悬垂固定，便成为造型特殊的吊灯。原本为方便抓握而设计的木柄弧线与具实用操作功能的齿轮，成就了手摇钻吊灯的特殊风韵，黄褐与红褐两色木质温润亮眼，充满机构感。

　　1970s｜美国｜$ 8,000｜铁、木

132

133

点亮一盏灯，摆上干净的餐具，端来一锅热腾腾的汤，或者一锅香醇米饭，配着几道家常菜肴，与你对坐的或许是父母家人、恋人或好友，你们一起分享食物，交换一天的大小事，愉快与悲伤都化为了力量，暖胃也暖了心。

132 法国洗衣篮

使用过多次的布面洗衣篮，现垂挂在挂帽架上，残破而褐黄的模样透露着强烈的怀旧之感，乍看已不见了洗衣篮的原貌，物的价值延伸成为艺术了。

133 挂帽架

线条素净而纯粹的挂帽架，摆在家中可作为装饰，或挂上衣物、配件等，具实用功能。

134 日本人台

缝纫用的人台，为纤秾合度的女子身形，依稀可见红色的辅助线，布面上沾染了咖啡色的水渍，向人们诉说着时间的漫长与空间的飘荡。

135 日本中药材柜

旧时日本药材店的柜子，下方一个个长方形小抽屉整齐排列，每一个都拥有不同的斑驳花色，上半部是开放式的架子，可用于展示、置物，气质特殊。

136 法国秤

刻度已随时间而磨损，秤面边缘有许多斑驳的老旧迹象，虽不复过去的称重功能，但摆在架上或桌上亦能显示主人的独家品位。

137 法国旧式打蛋器

造型特殊，乍看令人摸不着其原始功能，以手动操作，功能如现在的打蛋器。

138 法国烛台

老式烛台，红铜色带出宛如老电影的奇异迷人氛围。

经典代表

可从瓶身标记，得知厂牌和年份，是梅森制造

铝制瓶盖

梅森密封玻璃罐

美国经典玻璃罐

　　1858 年约翰·兰迪斯·梅森发明了以盖子栓于有螺纹与橡圈设计的瓶口的广口瓶上，用以密封保存食物的方法。收藏家雷波恩曾说过，在冬季商店歇业时，密封罐的设计对一般家庭来说是很棒的帮手。

　　早期的一大特色是称为"维克斯薄荷膏蓝"的玻璃色泽，因当时透明玻璃价贵，人工吹制这类食品罐时常会混入氧化铁和钴，略为混色，加之也会回收玻璃再制，因此玻璃色泽并不剔透。早期瓶盖为铝制，内层是陶，后来因发现铝盖氧化容易产生毒素，便渐渐替换材质，改为铁和塑胶内层。

　　在 20 世纪中期，此罐因冰箱逐渐普及而丧失了其原有的功能，到了现代则成为怀旧小物，并出现了收集改装风潮：有人将此罐瓶盖凿洞，倒挂玻璃罐，改装为怀旧水晶吊灯；也有人于瓶口加上网眼，改为调酒器。除了此罐的经典蓝玻璃罐，还有较近代的盐罐、胡椒罐等小巧玲珑的样貌。

（139）1960s │美国│ $1,500 │玻璃、铝、陶
（140）1913 ~ 1923 │美国│ $980 │玻璃、铝、陶
（141）不详 │美国│ $980 │玻璃、铝、陶

142

厚实黑陶

内敛真挚的表情

印尼惯用的民生老件。当地妇女将所需用品如水果、鲜花置于其中，再将它顶在头部出门从事祭拜、庆典等活动。这种黑陶简朴无饰，由陶土烧制，色泽深沉内敛，拿起来厚实有分量。上方圆盘可以看出明显不对称，这种歪斜乃因手工制造而出现的不完美，正因这种不完美表露的拙趣和质朴才形成了黑陶独特的个性，也在不经意间透露出老件降生的某段过程。

最迷人之处，在于平凡中蕴含了真实手泽与人民生活的痕迹，是真正浸润于印尼民间的实用物件，而非观光取向的华丽饰物。因为这类黑陶的古拙美感与欧洲精致细腻传统大异其趣，故而深深吸引了欧美收藏家竞相收藏黑陶，乃至当地其他用具与工艺品。

1800s ~ 1900s ｜印尼｜价格店洽｜木

142

手感厚实，捧在手中有沉稳质量

印尼民族工艺的典型，日渐珍稀

不对称的线条看似瑕疵，却是手工美的展现

143

144

145

146

143 古尼泊尔水壶　满是皮壳的古壶

百年以前来自尼泊尔旅人的旧水壶，器物因经年使用，与水、空气等自然环境接触，加上人为使用，表面覆了一层天然的树油脂，俗称皮壳，是旧物达人眼中的经典元素。皮壳的触感细致温润，因为人为与天然的交互作用，每件皮壳都是唯一的。

1860s｜尼泊尔｜价格店洽｜木

144 古清酒袋　置身战前日本的和平时光

日本战前的和平时光，人们常聚集于居酒屋小酌，狭窄的街上总会有人扛着一只麻布袋，里头装满一瓶瓶清酒，沿街叫卖。有的清酒袋泛黄陈旧，这只则较为整洁，朴素的布面十分清爽，可用于置物与收纳。

1930s｜日本｜价格店洽｜麻布

145 古野餐盒　英国制轻巧野餐盒

选一个天气晴朗的好日子，享受着温暖的阳光，我们一起去野餐吧。藤篮编织的外盒轻巧而有型。掀开野餐盒，奶油刀、茶匙、叉子、陶瓷茶杯和水壶，一应俱全。每件餐具都有专属的小格子，皮革扣带可以安放餐巾纸或手帕，一派古典的悠闲。就像一个晴朗日光下的白日梦，想象着抹了果酱的吐司、伯爵红茶和草莓奶油蛋糕，朋友们铺了野餐垫，围成一圈坐下来，岁月如此安静，幸福如此亲近。

1940s｜英国｜价格店洽｜藤、铁、瓷

146 古倒酒瓶　细密网状的瓶身装饰

波罗网状的一只玻璃酒瓶，底部的玻璃厚度十分扎实，喷嘴有点状锈斑，镶有一圈红色的环，是古代斟酒时的优雅工具。

1950s｜日本｜价格店洽｜玻璃

147 玻璃蛋糕盘　经济大萧条时代的雅致回忆

　　精致的玻璃老件，标志性的美丽翠绿色泽，厚实而略呈不均匀的玻璃外罩，盘身有放射状的繁复切割雕饰，展现出优雅氛围。在 20 世纪 20 年代晚期至 40 年代的经济大萧条时代，这种价格不贵的特殊玻璃应运而生，成为美国普遍的生活用品。这种玻璃常含有气泡、厚薄不均甚至裂纹等人工技术瑕疵，但色泽、雕饰却富搭配性与美感。因掺有少量的铀，这种常见色调为透明偏绿，也有透明、粉红等色彩，有些美国老奶奶特别喜欢收集一整套的粉红杯盘制品。这种艰难年代使用的生活用品，有着特定的美感与色泽，现今已成为一种时代风格。

　　1920s ~ 1940s │ 美国 │ $4,800 │ 玻璃

148 橄榄绿方格玻璃瓶　瓶口别致的日常生活食器

　　美国用以盛水、装牛奶的居家玻璃瓶，瓶口优美舒卷，宛如叶片，是用手做出的压饰的造型。橄榄绿略呈透明的玻璃色泽有几分 1920 年的影子，不过方格状切割纹饰，则又有着 20 世纪中期偏好简约与几何的趣味。

　　1960s │ 美国 │ $2,480 │ 玻璃

149 ~ 151 美国酒架、烛台、蝴蝶碗生活风格用品组　质感合金，洗练的艺术品位

　　这组生活用品，由左而右依次为酒架、三角烛台、蝴蝶碗，银亮金属光泽与洗练的几何构型相得益彰。爱心造型富于流体、洗练的美感，也兼具保冷、保温等实用功能，可盛放色拉与炖菜。

　　1960s │ 美国 │ $3,280 ~ 5,800 │ 合金

		149
147	148	|
		151

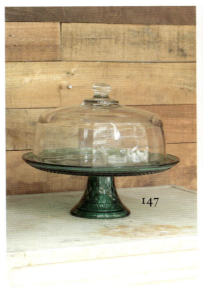

152

153

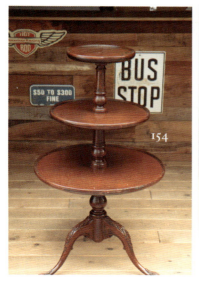

152	154	155
153		

152 手摇咖啡研磨机　轻巧可爱的咖啡豆研磨机

外型小巧可爱的手摇咖啡研磨机，出自德国厨具公司，有红色、蓝色两种，转动上方的把手，打开小抽屉，就能取出细细的咖啡粉。原木的色泽光润温暖，陪伴着人们享受悠闲的咖啡时光。

1950s ｜德国｜ $4,500 ｜木、铁

153 美国马克杯　朴实耐用的国民咖啡杯

美国 24 小时餐馆常用的咖啡马克杯，大柄握把，圆柱杯身，底部刻有美国厂牌标示。与英国用以喝茶的细薄骨瓷不同，美国的咖啡马克杯身与提把用料皆相当厚实，用以保温；尺寸则较为娇小，每次饮用量不大，可续杯，也可叠成一摞方便收纳，如饭店早餐吧常见的杯具摆设。条纹色彩清爽简洁，每一只的握把与杯身或偏方、或偏圆，简单朴实。

1940s ｜美国｜ $250 ｜瓷

154 桃花心木蛋糕桌　老派的典雅与丰盛

因宛如婚宴蛋糕般的外观而得名的蛋糕桌，是不少服饰店与蛋糕店都喜爱的实用展示桌。由硬质桃花心木制作，红褐色木纹层次多变而又细致，且厚实耐用，是高级家具的首选木质。蛋糕桌多为一至两层，这款三层的蛋糕桌体则相对少见。每层桌体的圆弧条纹沟槽既是简洁装饰，也具防止东西滑落的实用效果。当年木工师傅为了节省材料的使用，以手工将木材一段段弥合修饰，是具高难度且需手工磨制的传统技术。

1940s ｜美国｜ $12,800 ｜实木

155 美式杂货小罐　旧日家庭的温馨时光

美国的旧可可亚罐、咖啡罐与茶罐，茶罐盒盖被割开了一道裂缝，过去的茶罐主人曾拿来当存钱筒使用。食品品牌包装洋溢着复古的美丽，展现出旧式美国家庭的风情。

1970s ｜美国｜ $380 ~ 780 ｜铁

156 古早味台湾玻璃杯　"乎干啦"饮酒时光的最佳良伴

老一辈台湾人大多都使用过的玻璃酒杯，老式玻璃色泽偏绿，杯壁上薄下厚，使重心更稳更容易竖立，直线条花纹则是早期玻璃杯常见的简单纹饰。玻璃中一颗颗气泡是因当时制作技术尚不成熟而出现的瑕疵，现今看起来则别有韵味。（古早味，闽南语，意为古味道。）

1960s ｜ 中国台湾 ｜ $300 ｜ 玻璃

157 古早味台湾玻璃罐　小小玻璃罐，盛装柑仔店的甜蜜回忆

台湾早期家庭与杂货铺常用的玻璃罐，通常用以盛装糖果、饼干、蜜饯等点心。罐身中央椭圆无压纹之处，可以贴上食品商标纸贴。其中一罐盛装的是怀旧童玩塑胶小兵，早期因制作技术问题，塑胶小兵整体做工较粗糙，容易有毛边，体型也较小，不过色泽鲜丽，姿势多变，是许多中年人的欢乐回忆。

1970s ｜ 中国台湾 ｜ $3,800 ｜ 玻璃

158 铜制烛台　凝聚英伦魔幻时光的老烛台

高雅的英式黄铜烛台，侧边旋钮用来调节蜡烛高度，附熄烛火的三角盖子，环形握把可以提握在手上，方便自由巡行走动，实用又富巧思，宛如英国魔法或历史电影场景中常见的渲染时代氛围的小物。

1960s ｜ 英国 ｜ $1,800 ｜ 铜

| 156 | 157 | 158 |

159 陶瓷手提铜茶壶　高纯度素材融合贴心设计

这只茶壶由质地纯良的红铜制造，红铜是硫化物或氧化物铜矿石冶炼得来的纯铜，导热性佳，又因组织细密、低含氧量而不易生锈。红铜又称赤铜，天然赭红色金属光泽也可作为装饰物的素材，适宜长时间使用与保存。提把和壶盖则几乎是不导热的陶瓷，煮开的水也不会烫伤，缀有青蓝色的雅致图样，种种设计与细节处，皆能感受到制造者的心思，兼具实际运用与美观优雅的观赏性。

1950s｜中国台湾｜$4,500｜陶瓷、红铜

159
——
160
｜
161

160 金鱼戏水陶盘　会动的淡雅手绘图样

瓷盘的浅白边缘浸着一圈淡淡的蓝色，柔和淡雅，中央朱红笔墨点缀着几只悠游的金鱼，红、白与蓝三色柔美交织。工匠画工细腻，可见金鱼鱼鳍、尾接近透明的色泽。回旋的浅蓝色水纹也十分特别，若旋转盘身，水纹与金鱼仿佛灵动起来，优雅地旋转、追逐着，处处可见20世纪60年代手工制作的独特匠心。

1960s｜中国台湾｜$1,600｜陶瓷

161 手绘鱼鳞纹瓷碗　描摹理想生活的餐碗

白皙的瓷碗，表面整齐遍布的鱼鳞花样为手工绘制，为日本制造的餐碗。碗底一幅别致的山居湖畔图，茅屋、绿树、远山和湖中的孤舟，一人闲情独坐岸边。从器物的图画中可窥见人们向往的理想生活，更显瓷碗工巧可爱。

1895～1945｜日本｜$500｜陶瓷

162 印尼木钵　圆润可爱的南岛风情

苏拉威西岛是世界第十一大岛，位于印尼东部。此款木钵为岛上人民盛装食物常用的器皿，类似台湾地区原住民早期使用的水瓢，边缘有些不规则的锯齿缺口。和印尼常用的柚木相较，这种木钵的木质比较松软，也有陈年木件产生的醇厚皮壳。可用以盛放水果，小一点的木钵也可置于门边盛装钥匙、常用小物等。

1800s ~ 1900s｜印尼｜价格店洽｜木

163 巴厘岛托盘　华丽的另一面

印尼人民惯用的托盘。来自巴厘岛，托盘边缘与下方颈柱处皆饰有以三角形为主的金漆花纹与佛教人像绘饰。深浅不一的褐色纹理与金漆、暗蓝色底座相得益彰，看上去更为华丽讲究，洋溢着巴厘岛风情。

1800s ~ 1900s｜印尼｜价格店洽｜木

164 烛台瓷杯　令人爱不释手的优美

1903 年在西弗吉尼亚州成立的厂家，至今已是各式餐具、瓷器的知名大型供应商。底部烙有标志性的蓝字品牌编号。杯身设计成烛台样式，提把是略略上扬的方角。紫红色与深咖色的杯身饰色典雅而深醇。

1970s｜美国｜$250｜瓷

165 ~ 168 古董餐具　迷人的厨房老道具

古董餐具多为银器、铜器或镀银材质，生锈皮壳仍显美丽，可作为摆件，洗净后还能继续使用。常见古董餐具如刀、叉等，还有许多厨房道具如冰淇淋勺、甜甜圈模型、香草切碎刀、蛋糕刀等，款式繁简不一，有的雕琢繁复让人目不暇接，有的简朴耐看亦能把玩不腻。

不详｜美国、英国｜$1,300 ~ 1,500｜银、金属、铝、木

162	165
164	168

169 ～ 170　老苹果罐 & 四方小玻璃瓶　有如苹果的可爱造型

早期商店使用的老玻璃罐种类与尺寸多样，依照外形特色有着不少有趣的昵称，如兔子罐、南瓜罐等。左边是玻璃罐体型最大，肚径近 40 厘米，造型圆润。要觅得完整特殊的糖果罐不容易，因为其底座玻璃薄，容易破损。另外，早期老玻璃瓶不只用于杂货店，如右边的直立式四方小玻璃瓶，就是家庭用款式，用于贮存盐糖。

1960s｜日本｜价格店洽｜玻璃、铝

171 ～ 172　糖果罐 & 烟草罐　杂货店特有的浪漫

玻璃罐是杂货店最常见的收纳道具，可贮藏饼干、糖果、烟草等，分门别类一目了然。两个老玻璃罐分别出自欧洲与日本，左边长型玻璃罐为下掀固定铁盖设计，摆于陈列架上时可方便拿取物品。右边造型特殊的玻璃罐具有上下双口，是贩售烟草专用的玻璃罐，上方开口是商家补货用，下方开口是客人购买拿取用。

1920s ～ 1950s｜欧洲、日本｜$12,000｜玻璃、铝盖

173　日本火炉　榻榻米专用的茶屋民具

常见日本古宅内安设火炉，寒冷冬季人们围着火炉取暖，屋梁上垂坠的自在钩上挂着的铁壶在炭火上烧着开水，聆听翻滚的茶涛声响，宁静时刻便降临至内心。火炉是日本古代生活不可少的民具，可取暖也可煮水，或者烹烤食物。此款火炉设计为榻榻米专用，硬木制箱体搭配铜制内胆，台面厚重宽大，底座有散射孔，可藏于架高地板内，并在盆中燃炭煮水。

1926 ～ 1989｜日本｜$25,000｜榉木、铜打内胆

174　老玻璃糖果罐组　收藏蜜糖的童年

旧时杂货店使用的老糖果罐具有气泡玻璃特色，材质薄胎、手感温润，戴上瓜皮小帽般的铝盖，有种说不出的可爱！这组老糖果罐，六件一组陈列于铁架上，罐子造型配合铁架的倾斜设计，细微掌握恰到好处。尺寸迷你，是一般常见糖果罐的二分之一。

1950s｜日本｜价格店洽｜玻璃、铁、铝

173

174

175 铸铁烛台　细脚圆柱精巧

来自丹麦的烛台，深黑铸铁的高脚外形优雅内敛。高高低低的设计，错落有致，或者三个或者五个相连，是餐桌上的气氛制造物。

1970s｜丹麦｜价格店洽｜铸铁

176 法国路易十五黄铜烛台　花叶的自然曲线轻快展露

18世纪初，巴洛克风格虽然继续在欧洲各地流行，但同时也有一种用色清淡甜美，充满了幽雅华丽感觉的洛可可艺术在法国逐渐盛行。当时人们对路易十四时期的严肃风格失去兴趣，改而追求实用亲切的空间，洛可可风格虽保有巴洛克风格的特性，却除去了仪式性与宗教性，改为轻快、奔放、易亲近和日常性，强调精美柔和的气氛。这支黄铜烛台做工繁复优雅，宛如花叶的自然曲线和玫瑰花的苞状，展现着专属于洛可可的细致优美。

1850s｜法国｜$17,000｜黄铜

177 古德国不锈钢烛台　体现20世纪艺术风格

德国烛台老件，金属棒状的边饰富冷调质感，是将表现几何、机械结构之美，略加变形、融合后现代创意与不锈钢科技的和洽风格。可任意拆解、套叠，富结构与解构的趣味，有极强组合性。在欧洲常将这些烛台大量组装，点上蜡烛宛若发光的小山或小树，十分壮观。

1970s｜德国｜$1,800｜不锈钢

178 亚当夏娃开瓶器　以圣经故事为灵感的开瓶器

有趣的开瓶器，分为男女，刻有亚当与夏娃字样，开瓶器下端可巧妙嵌合收纳。亚当的螺旋形铁锥一般用于开启红酒瓶塞，夏娃的蝴蝶式铁件则用于白酒。照片为这对开瓶器嵌合后，从内部向外展开的模样。

1960s｜比利时｜$3,000｜木

179 古典手动咖啡磨豆机　慢条斯理，研磨香醇生活感

美国 19 世纪 90 年代的传统咖啡磨豆机，古朴铸铁机身与宛如风车的飞轮转轴，造型古雅而优美。将咖啡豆放入上方黄铜小壶，转动两侧飞轮转轴，既可研制咖啡粉，也能通过不同手磨次数与设定调整粉末粗细。因咖啡粉接触空气容易氧化变味，在食物保存技术尚不发达的 19、20 世纪之交，人们仍然习惯现磨咖啡：从数豆子，放入磨豆机手动研制，再至冲泡调味，每一步骤都需人工调理。过程虽然烦琐，却能喝到最新鲜、最贴合个人喜好的咖啡，也体现了早期悠缓、扎实的生活风情。

1890s｜美国｜$100,000 起｜铸铁

180 爪哇老桌子　历尽沧桑一美人

长桌修长且略作雕饰的柱脚有些殖民时代的风格，下方橱柜开口在正中央，两侧有扇形纹饰，则又属爪哇橱柜的典型样式，是西洋与印尼当地两种工艺的融合。上方桌面有白色星芒花纹，已有些剥损裂口，但这不规则的破口已形成了独一无二的沧桑韵味。

1800s ~ 1900s｜印尼｜价格店洽｜木

179

————————————

180

老物新用途

181

181 台湾老柜子

以前

早期制造的柜子可分很多种类与用途，大型者如家庭用的菜橱、衣柜、书柜等，小型者如面店用的小菜橱、商店用的烟酒柜等。此款柜子可置于桌上使用，设计为四面光，即四面都使用透明玻璃，通常用来展示高价商品（如烟、酒、小菜），底座抽屉方便收放钞票，也是简易的结账柜。

以后

许多藏家喜爱玻璃小柜，尺寸适合现代居家空间，不管是陈列杂货或是食物，都能传递某种氛围。由于小柜实用性高，不少藏家会将老柜改制为玻璃型，如将老菜橱纱网或木门改为玻璃，增加展示功能，可创造出令人流连忘返的柜里风景。

1960s | 中国台湾 | $ 12,500 | 桧木

182 车顶茶几

以前

废弃的车辆上拆下来的车顶，四支 A 柱刚好作为桌脚，高度拿来当茶几刚刚好。

以后

将老的车顶从 A 柱部分切除下来，清除不需要的挡风玻璃或门片，并将门框的胶条或天花板等装修材料拿开，留下扎实的金属骨架，就成了一座茶几。特意留下的后视镜耐人寻味，透露出其不凡的身世。

不详 | 美国 | 价格店洽 | 金属

183 苏门答腊盘

以前

是当地人惯用的食盘，将食物盛装于盘，主食在中央，配菜环绕主食。进食时众人围坐，以手抓取食物，可见印尼人家庭关系、人际关系的亲密与饮食文化。

以后

作为摆饰品与置物盘，可放书籍、水果。

1800s ~ 1900s | 印尼 | 价格店洽 | 木

191

192

193

小时候，主卧是父母睡觉的房间。做了噩梦的晚上，你抱起枕头敲敲主卧的门："我可以睡你们旁边吗？"像是撒娇，腻在父母身旁。

主卧的摆设有女主人私心的品位风格，从化妆台、衣柜到床头柜上的小桌巾，总是散发着与家中其他房间不同的气息。

184 被丢弃的日本学生美术作业

维纳斯像的小型半成品，陶制，似是学生的美术作品，上面还留着鲜活的手指捏塑、填覆的痕迹，更是世上独一无二的一件维纳斯像。

185 捕鱼网

捕鱼的网，篮网编织规则而坚韧，挂在墙上作为摆饰独具风格，或可作为盛放零食、水果的器皿。

186 麻制工匠围裙

最初是制陶工匠的工作围裙，衣料边缘微皱，下摆处有一点痕迹，似乎能想象出工匠挥汗工作时的情景。

187 棉麻法国女性白色睡衣

柔软轻薄的棉麻材质，极简的大方设计，纯粹的素材色泽天然，创造出一种独具品位的时尚美感。

188 桨

纯木制作的桨，线条修长，细看表面有轻微的灰色脏污，天然原木色与周围环境毫无冲突地融合。

189 老巴黎乐谱

即便看不懂繁复的装饰音，也能从单纯曲乐谱的细腻印刷、典雅的老式字体和触感温润的纸质中，欣赏这本薄薄的乐谱之美。

190 木制酒箱

DE WEVER 的印刷字样依稀可见，玻璃瓶可安稳地放置在底部的整齐隔间内，也可将酒箱装于后木板之下，为空间设计专属的矮桌。

191 乡村餐厅工作服

方便活动的宽松剪裁，餐厅服务员行走间穿梭自如，简单的样式和朴素材质透出令人信任的质感。

192 京都拱桥柱子

古城京都的一处拱桥拆毁后留下的柱子，深棕色带着浓厚的古朴气味，时空仿佛脱开了藩篱，带着人们探访千年历史。

193 食物盘

可盛装食物、水果、色拉的大型食物盘，沉厚的材质和深木色泽带来餐桌的温馨，历经数十年时光的生活使用，表面布满密密的轻微细纹，触感温和平滑。

184	191
|	|
191	193

经典代表

皮面沧桑丰富的纹理

四边厚铁与铁锁等严
谨装饰

194

皮件补丁的修复痕迹

194

美国古董铁行李柜

丰富细节与痕迹的大尺寸

　　历史超过百年的美国大铁柜，外箱包覆皮革，锁头刻饰及四个边角钉
上保护用的铁片，透出细节的美。铁箱尺寸相当大，几乎可让一个成人钻
进去。

　　在百年前，旅行并不容易，每一次出行都可能是场浩荡工程，这只铁
柜可能是当时有钱人旅行、搬家的重要物件。上方皮面有一补丁，为原始
皮面破损受伤后，再覆贴一片新皮革仔细修补而成，展现出过往主人珍惜
的痕迹。箱体刻有制造商品牌，因年代久远，字样有些湮灭难辨。皮面各
处斑驳不一的纹理，则呈现了老件特有的值得细细体味的沧桑古旧之美。

1900s ｜ 美国 ｜ $38,800 ｜ 铁、皮革

195

英国"胜家"
手摇缝纫机

原产百年老胜家

提及老缝纫机，会想到胜家牌。台湾早期代工产业发达，伸兴工业与高林股都曾为英国胜家牌代工中低价产品。不同台湾代工的老胜家有着不同式样，英国的老胜家多以手动式为主，此款老胜家可追溯到1890年，硬木机身加上弧形箱盖可手提携带，在百多年前是高价家用产品，只有富贵人家或高级西服店才使用。

1890s｜英国｜价格店洽｜木、铁

手动手摇设计

英国制造，百年历史

195

196 古金库　深绿细致现金盒

来自日本，金库即为现金盒，深绿色烤漆，分为两层，木质盒平衡了金属的沉重，原为防盗用的发条孔成了精巧装饰。

1940s｜日本｜价格店洽｜木、铁

197 "Eames" 经典单椅　设计迷必藏的经典单椅

知名的美国设计师夫妻伊姆斯夫妇设计的经典椅。这把 1948 年首次大批量生产的塑料椅，至今仍是摩登家具的代表作品。单椅采用模压塑壳底座，搭配四支金属椅架，流线造型简约利落。

1948｜美国｜价格店洽｜金属、塑料

198 日本立人台　裁缝匠必备道具

由日本进口至台湾，年岁有 50 多年的历史了。出自订制高级西服的洋裁缝店，供师傅用来打板。它不像现代制品使用塑料塑造成型，而是使用硬纸模塑造而成，表面贴合纱布材质，以便师傅用头针将布料固定在人台上，为了稳固，支撑杆与底座皆采用铁造。

1960s｜日本｜$8,500｜硬纸、纱布、铁

196	197

198

199 德国行李箱　轻巧坚固，不受极端气温与撞击影响的经典品牌盒

德国行李箱，有百摺线条与轻巧铝合金材质两大经典元素。早在 1898 年，其前身便以轻便适于旅行的木质行李箱受到欢迎。1937 年，位于科隆的工厂遭受空袭，工厂几乎全毁，但存放的铝片仍然完好无损。这也带给经营者以灵感，他以铝件为主材质，结合飞机上用以增加金属强度与耐压水平的百褶沟槽纹路设计，推出现今熟知的行李箱雏形。1950 年，再以改良硬铝为主材质推出一系列行李箱，随即一跃成为世人熟知的经典款，此后的行李箱，也始终保持着这两项特殊设计。

1980s｜德国｜$15,000 起｜铝合金

200 ~ 201 美国头像组　岁月脸孔，摩登趣味

原为帽台的玻璃头，至今仍在生产，是美国常见的玻璃帽台，今昔造型有些许差异，对照起来颇有趣味。20 世纪 30 年代的玻璃头像也可作为置物罐，有波纹状纹理，老式玻璃色泽透明偏绿，口鼻也做得较为粗犷而有孩子气。另外两尊头像则比较现代，面孔立体，塑胶黄与黑的色泽也较为大胆饱和。

1930s｜美国｜$4,000｜玻璃

202 德国古董缝纫机　百年前的精致缝纫工具

古德国针车缝纫机，保存良好，让人想象不到它已是超过 100 年的古董。仅在常使用的切线器、针台边角与手轮等部位，留下了些许自然磨损的痕迹。缝纫机体型小巧，有一木台底座，铸铁机身上的金色雕花纹饰，是以金箔磨成细末，再加以手工绘制。因是纯金箔，饰纹能长久保存，不易脱色、剥落，主妇操持家务的同时也兼顾了优雅情趣。

1900s｜德国｜$30,000 起｜铸铁、金箔

```
199
───────    202
200
 |
201
```

199

200

201

202

203 古巴黎人台　伴随老裁缝师，孕育一件件巴黎时尚

在巴黎跳蚤市场找到的欧洲早期人台，手臂是木头制，身躯则是以纸手工糊成，底座刻有品牌的字样，约 2 米高，相当高大。

不详｜法国｜$15,000｜木、纸

204 古英国行李箱　充满原主人旅行回忆与爱护的精致老件

80 年前的英国老行李箱，皮革厚实，深褐皮理纹路洋溢着沉着耐看的美感。四角铜扣皮片皆为手工车缝，内里则是旧而略显手泽的米褐色，里带也是皮革，手工精细。皮箱上盖有原主人的烙印，皮面变深，有反复上过油蜡的痕迹，是常被使用的痕迹，从中可窥知这是一件主人精心爱护保养、充满岁月记号的老件。

1930s｜英国｜$12,000｜牛皮

205 英国桌上型三面镜　英伦仕女花面交相映的闺阁风情

早期英国女子化妆台常见的梳妆工具与装饰，左右镜面可摊开竖立，展开后约 55 厘米，也可折叠后完全与中央镜面密合，中央镜面也可微调，可以清楚地照见正脸、侧脸的每一个角度。沿边有繁复稜角饰边，是用钳子在烧得熔软的玻璃上手工一角一角夹塑而成，展现了英国细腻讲究的工法。

1950s｜英国｜$12,000｜玻璃

203

204　205

206 丹麦拳击场专用椅　经历一切呐喊堆叠

　　如同电影院常见，在椅背标示座位号码的这款订制椅，原是拳击场的专用椅，当时因为拳击场发生火灾而流入民间，有着传奇的身世，更特别的是，相对于可堆叠铁脚椅的常见，可堆叠的全木料椅因为做工繁复，角度、宽度的拿捏都要仰赖技术的纯熟。此外，其利用两种木料的搭配，符合原场地的设计：利落、明快、有个性，有如拳击手的性格一般。

　　1970s｜丹麦｜$5,980｜榉木、柚木

207 法国铁件梳妆椅　享受变身花都女郎的瞬间

　　来自法国的梳妆椅，是铁件红艳、线条柔美的小巧椅子，有着法国独具的情调，不为实用目的性的纯粹装饰性曲线，椅背的藤状、四脚双线弯取，椅脚的圆球，复古色调线条与条绒面材质，让人遥想20世纪60年代法国女人的性感。

　　1960s｜法国｜$6,800｜绒布、铁

208 铁脚椅　德国划时代设计椅

　　已诞生了四分之三个世纪的"铁脚椅"，是名家具设计师为世界第一个量产家具的德国大厂所设计的划时代作品：跳出了木构传统，以线条结构强烈的不锈钢材质，加上藤制背靠和座面，多材质混搭经典现代感十足，视觉感通透，也具通风效果，特别的是，这只椅子是意大利制造的老件。

　　1960s｜意大利｜$6,800元｜榉木、藤、不锈钢

206
_____

207
_____

208

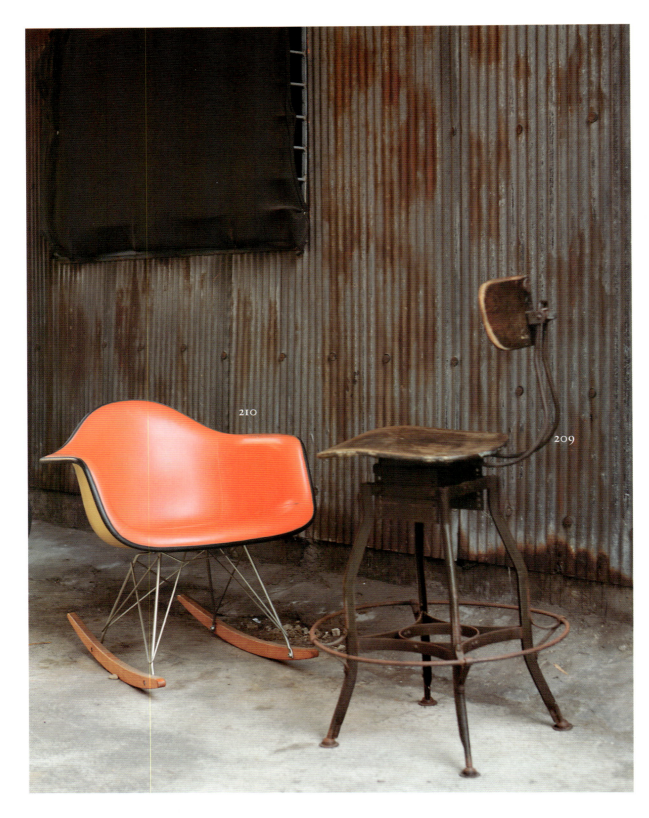

210

209

209 ~ 210　经典单椅　历久弥新的椅款

　　两把个性截然不同的经典单椅，右边是一位在海军基地服务过的老员工所收藏，由于出处特别，椅子上有编号牌，这是其他同款单椅所没有的。此款高脚铁椅流行于20世纪30到40年代，曲形木制椅面线条优美，椅座可旋转、加上椅脚下有置脚铁圈设计，坐起来相当舒适。

　　黄、黑、红配色醒目的摇椅，则是20世纪最有影响力的美国现代家具设计师查理斯·伊姆斯与雷·伊姆斯（1912 ~ 1988）夫妇设计的经典摇椅，由美国高档家具赫曼米勒品牌生产。玻璃纤维一体成型的椅座，加上纤细不锈钢脚座与曲木设计，材质混搭手法如今亦十分前卫，是二次世界大战期间的经典设计。

（209）1930s｜美国｜价格不详｜铁、木　　　（210）1950s｜美国｜价格不详｜玻璃纤维

211　英国骨瓷顶针器　在指尖上环游世界

　　顶针器是早期常见的女红工具之一，圆筒造型可套在手指头上，顶部有均匀分布的凹坑，可使推针顺畅，帮助缝制工作快速自如地进行。顶针器款式多样，发展到后来变了成具有纪念价值的收藏品，欧洲不少小镇或小乡村都有自己的专属顶针器，人们搜藏顶针器就像今日收藏咖啡店出品的城市马克杯一样。欧洲老顶针器多用骨瓷烧制，或者玻璃、木制、合金材质，有的在顶头加上金属动物小塑、城堡或起司等。

不详｜英国｜$150｜骨瓷、木、金属

212 ~ 214　英国老熨斗　烫布大学问

　　尖的、方的、大的、小的，这些都是英国早期使用的老熨斗。有手提握把的纯铜制实心熨斗，需搭配专用架使用，下方可放炭火加热；有如长柄煎锅的老熨斗则是用来熨烫大面积布料的，如熨烫桌巾、床单等，设计为空心盒型，可掀盖放入烧红木炭，待底部热烫后即可使用；比手掌要小的熨斗，则是专门用来熨烫小件蕾丝的。

年代不详｜英国｜$2,000 ~ 3,500｜铁、铜、木

209	211
|	
210	212
	|
	214

215 胶合木板单人椅　完美曲线椅背

意大利知名家具品牌出产，该品牌以制造学生座椅闻名。此把单椅原为20世纪50～60年代学校的座椅，胶合木板一体成形，富有弹性，是现代木结构的一大分支，弯曲的线条，薄而优美。

1950s｜德国｜$9,000｜胶合木板

216　古棉线　沉淀厚实的缝纫

早期工厂纺织机上的棉线，有着大而厚实的样貌，有铁轴，以备机器长时间旋转摩擦，而缤纷色彩抹上的一层褐色，像是编织了一场时代的梦。

1950s｜德国｜价格不详｜棉、铁

217　针线箱　优美滚动针线箱

富有典雅甜美气息的针线箱，脚下有四个轮子以方便移动，针线箱的高度正好便于坐着拿取物品，双门打开，外形优雅简约，内部有木造的分隔盒，可以将小物分门别类。

1960s｜德国｜价格不详｜木

215	
216	217

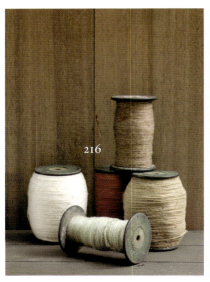

218 法国路易十五古典椅　来自古老庄园的逸品

这把路易十五古典椅来自法国一座古老的庄园，精雕细琢的手工木作贴合金箔，在椅脚、椅背上都有完美的呈现。翡翠绿的绒布椅面更添舒适奢华，因时间的积累，金箔的光芒不显刺目或过于招摇，淡淡地透出一股静定沉稳之感，时间带走的是新颖与闪亮，却也带来经典但不容置疑的美。

1900s｜法国｜$58,000｜木头、灰泥、金箔

219 法国保险箱　第一个铸铁保险箱问世

19 世纪 40 年代，法国人费舍发明了法国第一个铸铁保险箱，从此开创了保险箱材质应用的新局面。此前的保险箱只是用铁环箍着的坚固厚木箱，这种古老木盒的样品现今仍保存于英国奇彻斯特教堂。后来，它成为皇室和银行指定专用的品牌。铸铁质地十分沉重，非两三个成年男子无法搬动，显示了费舍在保险箱设计上的周全考量。保险箱上面镶有金色的品牌标志，铁锈的状况刚好，既有轻微剥损，也保留了原本的稳重。

1930s｜法国｜$180,000｜铸铁、木头

218　219　220

220 法国古董行李箱　比"LV"更古老的老牌行李箱

此品牌比创始于 1854 年的 LV 品牌更古老，创立于 1850 年。是法国专门制造行李箱的著名品牌之一，该品牌的精工抽屉、夹层式的高级行李箱，在过去都是为贵族或上流人士所使用。

1890s｜法国｜$38,000｜木头、黄铜

221

222

223

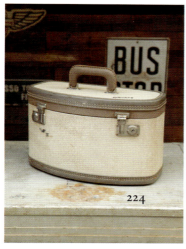

221 法国电熨斗　讲究的电器品牌

在没有电力的时期，人们都是把铸铁熨斗放进火炉烧热来熨衣使用，1917 年，第一个生产出接通电源使用的熨斗，第一个开始接上电源时期的熨斗。隔热的木制手柄线条圆滑，使用上不费力，中间镶有的品牌字样，具有纪念价值。

1920s｜法国｜$7,300｜木头、铁

222 法国手套广告人台　为手套广告打造的经典艺术

罕见的复古装饰艺术品，以巴黎的原始迪奥半身模型为对象设计而成。其品牌正式创立于1946 年，在巴黎时装盛行的 10 年间，巴黎女装从整体到细节都发生了耳目一新的变化。这件艺术品以分明的色泽和自然的手法刻画，富有耐人寻味之美。

1950s｜法国｜非卖品｜灰泥

223 法国路易十五黄铜首饰盒　"被喜爱者"的收藏小盒

收藏首饰的精巧小盒子，路易十五曾被称为"被喜爱者"，当时皇室所使用的器皿十分精致讲究，此首饰盒仅能窥见一点线索。全黄铜制作的小盒，外在自然风化、受损，形成了金黄与暗褐交织的特殊色泽。

1900s｜法国｜非卖品｜黄铜

224 美国曲面行李箱　小巧玲珑的曲面行李箱

造型别致的曲面行李箱。有别于一般行李箱四四方方的外观，此款行李箱中的一侧为了贴合身体曲线仍保持平面设计，另一面则设计成了较有变化的优美曲面，是行李箱品牌的特色款。箱内贴心附有化妆镜，因当时火车旅行、飞机旅行日渐频繁，短期旅游机会增加，行李箱设计也显得轻巧便利。

1960s｜美国｜$2,580｜木、塑料

225 美国承重旧行李箱　面面俱到的旅行良伴

1910 年的美国行李箱品牌，以《圣经》中强而有力的圣者命名。第一款箱子，即让创办人一家五个大男人都站在同一个箱子上拍照做广告，以呈现自家产品的坚固耐重。这只 20 世纪60 年代的老行李箱，外观是保养良好的红褐色真皮，内部小支架则挂有数支折叠塑料衣架，以解决所住旅馆提供衣架数量不足的问题，方便贴心。行李箱的铜扣开法须先向下压，再往上推，繁复的开扣方式也是其一大特色。

1960s｜美国｜$4,280｜皮革、木料、铜

221		224
222	223	225

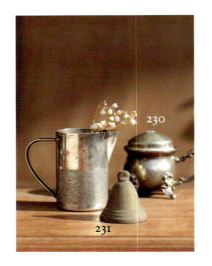

228
229

226	227	

230
|
231

226 电熨斗　超时尚普普风饱和色

此件熨斗有着 20 世纪 60 年代流行的普普风鲜艳色彩，饱和的橘黄色相当抢眼。熨斗的历史其实非常早，公元 9 世纪中国民间已流行青铜或其他金属制的熨斗，19 世纪 90 年代电熨斗问世。这只时髦的电熨斗是 20 世纪 60 年代台湾家庭常见的小家电，可调节温度的恒温计则来自 1938 年美国的发明。

1960s｜中国台湾｜$1,600｜塑料、铁

227 "七支"抹式香水　彩虹香水芬芳恒远

盒装的七支香水，包装精巧宛若迷你的酒瓶，香气芬芳而清新，每支有不同的香味，七彩闪耀炫光，十分引人注目。仿佛蒙上了一层薄雾的瓶身有着深沉的怀旧感，打开瓶盖，天然素材凝练、调制的香味久久不散。

1960s｜中国台湾｜$1,000｜玻璃

228 银制公鸡发簪　镶着公鸡的仕女发簪

发簪的历史悠远，中国古时男女皆会用发簪固定发式，或繁复或简约，有各种不同的造型变化。这只银制发簪顶端雕有一只公鸡饰物，富有延展性的银质适宜制作精工饰品，公鸡的颈上系着两条细长的坠子，系在头上便随风或人的移动轻轻摇晃，轻灵而富有韵味。

1960s｜中国台湾｜$700｜银

229 资生堂停产眼影盒　在台发售的女王级系列眼影

资生堂创办人福原有信曾任日本海军药剂师，1872 年，他于银座创办资生堂药房，名称源自《易经》中"至哉坤元，万物滋生"这句话，并引进当时日本较少使用的西方药品。第一间海外的资生堂则在 1957 年成立于台湾，这小巧轻便的长方形盒子是 1969 年推出的"女王级系列眼影"，内附小镜子，暗红色盒面有细细的刮痕，花样柔美。

1969s｜日本｜$350｜塑料

230 银制薰香壶　残缺的古老美感

可作为薰香壶、精油壶的银制精巧小壶，单边把手断裂，锈纹斑驳，古老风味油然，把手底部镶着一朵细腻的梅花，精细异常。

1960s｜中国台湾｜$300｜银

231 铜风铃　轻轻摇晃，清脆声音

铜制的风铃，表面仿佛因历经风尘覆盖了一层雾般的质地，摇晃有清脆悦耳的声音，造型小巧，适宜加工为饰物或铃铛。

1960s｜中国台湾｜$800｜铜

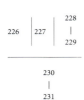

232　原木色实木"温莎"椅　经典英伦曲木椅

　　"温莎"，一个经典的英伦品牌，甚至可以说是英式家具设计中的精髓。质量轻、质地硬、款式优雅，是"温莎"椅给人的一贯印象。温莎椅起源于18世纪中期英国的温莎城堡，1740年前后，英国乡村花园中常见温莎摇椅，1750年左右传至美国，之后闻名世界。它的出现打破了西方座椅靠背以屏背式为主的局面，座椅靠背设计逐渐变得通透。这把"温莎"椅为松木制造，圆形车旋腿的脚部，造型开阔，曲线造型流畅圆润，采用"H"形拉脚档连接，创造了轻巧而稳重的视觉效果。

　　不详｜英国｜$2,500 ~ 3,000｜松木

233 ~ 235　老缝纫剪＆老布剪＆老布尺　用途专一的裁缝用具

　　缝纫时使用的小剪刀，适合剪缝线，布剪则是裁布专用。过去是量身定制衣服的时代，这些实用的利器是裁缝最好的帮手。原来的涂漆已随时间风化，内在的铁锈显得厚重而沉稳，布剪的重量很沉，令人感受到手工时代的美好与精实，缝纫剪则小巧轻盈，剪裁细致入微，打造出一件件手工服饰。以前的布尺都是用布条加上一层保护膜，称布尺，现多为合成皮制成，是为皮尺。

　　1960s｜中国台湾｜$800｜铁、布

236　日式贴花文件柜　专属女孩的柔美小柜子

　　日本制文件柜，材质为梧桐木，不算大的尺寸可置于桌上或墙边，最特别的是抽屉表面的贴花图样，是那个年代流行的家具样式。花纹、几何贴皮，可常见于抽屉柜、铁件木椅等家具之上，甚至床板都有。

　　鹅黄底色带来温暖和煦气息，桃红色玫瑰点缀其间凸显了女孩般的优雅美好，每个抽屉皆有插入标签的小格，便于将文件分门别类，表面的亮面贴纸泛起陈旧的褐黄，比起新品更有一分独特气质。

　　1895 ~ 1945｜日本｜$4,700｜梧桐木

232　｜　233
　　｜　｜　236
　　｜　235

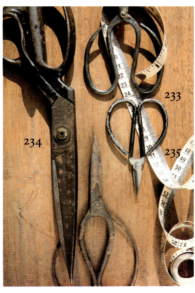

第二章　古道具选　　99

老物新用途

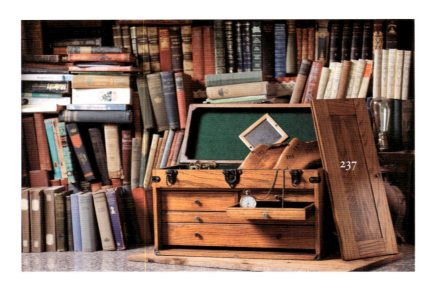

237 英国百年工具箱

以前

这是早期珠宝匠外出携带用的工具箱，为早年专为上流社会"到府服务"，修缮昂贵珠宝用的必备道具。不同于晚期使用合成木贴皮制造，这只标准尺寸的工具箱使用橡木制造，外箱有防盗暗锁设计，按一定的开启顺序才能打开箱子。

以后

这只工具箱有六个大小不同的抽屉，屉内铺有绒布，可用来作为家用珠宝盒，收纳昂贵的首饰。其次，箱子很适合分类收纳小工具，有许多皮件工作者买来当桌上摆的收纳箱，美观又实用。

1900s｜英国｜$30,000｜橡木

238 染料盘

以前

巴厘岛已延续两千多年的特殊宗教仪式，至今犹存。当地人认为牙齿是色欲、贪婪、困惑与嫉妒等众烦恼的象征，借由染齿，可驱除不洁邪灵，达致身心的美善平静。用这种染料盘行成年礼，代表青少年正式挥别幼稚、担起成年责任的过渡仪式。这个小盘即是染牙时惯用的白色染料盘。将染料盛放其上，由祭司替参与仪式者染牙。

以后

不在祭典礼上使用后，染料盘可作为有特色的摆饰品。简单大方、没有太多复杂物件之处特别适合摆放。小巧，但黑铁外观散发出几分神秘与个性，本身也代表了一段鲜活的人类文化。

1800s ~ 1900s｜印尼｜价格店洽｜铁

239 欧风壁纸椅

以前

壁纸椅有两项基本物件，其一是废弃无用的欧洲老餐巾、海报、壁纸，这些物品上的信息既已过时，在台湾也欠缺实际使用环境，但式样色彩繁多；另一项是基本款的椅子，样式形态不拘，最好挑选素面、本身并无太特别风格设计的款式。旧壁纸与旧椅子，原本都只是仓储囤积，彼此毫无关系。

以后

将欧洲老餐巾、海报、壁纸仔细贴覆在椅子表面，就成了独一无二的风格座椅。若贴上特定年份日期的报纸则别有纪念意义，不同外文的印刷字体本身也是种设计。做法极简单，但稍用巧思即可使两样平凡无奇的元素撞击出新火花。

年代不详｜欧洲｜$4,800｜花样壁纸、木、金属

240 老天秤置物架

以前

原本是指针失准不堪用的老式天秤，在现代也有可以取代其测量用途的电子秤等新式量具。不过整体形制、铜盘等都很完好，底座也附有实用的木制小抽屉。

以后

改为置物架，可盛放钥匙、零件等小物，即可划分四处井然有序的收纳空间，另可摆放铜盘、小样铁件作为托染怀旧气氛的展示台。天平悬臂、铁条弧线与略生锈绿的铜盘，本身也独具美感。

1992｜比利时｜$9,000｜铜、铁

241 古爪哇藏宝柜

以前

刻有爪哇纹饰的木质大柜，是富有文史意义的博物馆级单品。上盖加锁，可以掀开放置物品。柜底加装滑轮，发生火灾或搬迁时可以推行。因为印尼人体型娇小，也可作为休憩用的床。关于木柜的用途有两种说法：一说为储藏米粮的米柜，另一说则是藏宝，无论确切说法为何，皆为贵重收纳物件，在爪哇人家的日常生活中占有一席之地。此款纹饰较为质朴，应来自民家，若雕饰得更加精致华丽，则可能来自更尊贵富有的人家。

以后

改为展示柜。柜面平宽易于放置其他细巧单品，木质展示柜易与其他单品配搭，且老件本身稳重中蕴含沧桑的气质也蕴含将不同单品点染气质的力量。木柜本身，更是充满了细节与故事。

1800s ～ 1900s｜印尼｜价格店洽｜木

242

243

你曾幻想有一张巨无霸的大书桌吗？一个静谧、私密的小空间，拉开窗帘，让清澈的玻璃窗滤进透明的阳光，这便是天然照明，就着日光，你可以读完一本书、写完一页日记，或者打开音乐，重复听你最喜欢的歌曲。一切都属于你。

242 旧式开关

　　旧式的金属制开关，两个一组，稍旧的金属泛着温和光泽，有实际开关灯的功能。

243 法国老木马

　　飞跃姿态的木马，做工十分精细，马儿的眼睛、耳朵、嘴、尾巴和马蹄都写实而优美，原来的漆色严重剥落，显出内里的土黄色，远看就像一只花色马，底下装有三个大轮子，可如三轮车一般骑乘。

经典代表

"Toshiba" 大厂早期产品

半特殊滚筒式

铁造皮壳美

244

244

东芝中文打字机
滚筒式拣字设计

打字机源起于欧洲，故常见的都为英文打字机，鲜少有中文系统。这款老打字机，于日据时期的台湾所使用，是早期日本东芝公司所生产的汉字打字机，有别于拼音系统，而是将铅字设计在滚筒上，利用旋转滚筒与左右移动指针来拣字，操作起来复杂，也列入了台湾大学数位典藏计划收藏中，与台湾大学医院中文打字机同款。

1895 ~ 1945 ┃ 日本 ┃ $30,000 ┃ 电木、金属

245

安德伍德
古董打字机
从机身到按键都是经典

它是一直生产到二次世界大战后的打字机品牌与皇家"打字机并列为美品收藏经典。老打字机收藏不易，主要在功能齐备且仍然可以正常运作的品相稀少。此款1926年美国制的这种古董打字机，机械机身为全铁打造，存在感十足，散发威严。此机种最大特色为按键是铁包玻璃，比起一般铁制按键更加精致，光是按键本身也是经典收藏物，不少喜爱者会将损毁打字机的玻璃按键取下，做成袖扣、戒指或项链。

1926 │ 美国 │ $25,000 │ 铁、玻璃

机身上"Underwood"大大的Logo

换上色带可使用

245

铁包玻璃按键

246 ~ 248　英国老文具组　旧日英伦生活的讲究小物

　　卷尺使用时直接将布制卷尺拉出，使用完毕再转动中央黄铜旋钮收回，圆形皮革外壳收纳，因使用多年，皮纹变深且触感柔软，斑驳烂软得很有味道。剪刀是纯粹的铁件，红色握柄纤细。布尺折叠处已生青斑，拉开呈水平状便是直尺，折叠收纳则省下一半空间，使用单位为英寸。

　　1970s｜英国｜卷尺 $2,800 、剪刀 $380、布尺 $1,200｜布、铁、皮革

249　古日本铜台灯　灯下与狗，东洋旧日情趣

　　镶嵌在铜座上的绿色灯泡浑圆可爱，似路灯样，而灯下的狗是在等待主人，恰巧路过，抑或想散步玩耍呢？有着耐人寻味的童趣风情。铜座青斑沉甸，插头深绿细卷映衬着灯泡的色彩。

　　1940s｜日本｜$5,200｜铜

250　美国古董打字机　经典文书工具

　　在普遍以计算机工作的现代，古董打字机具体而细微保留并展现了早期人们的工作与思维。这款打字机由推出无数款经典打字机的大厂制作，属于家庭、办公室专用的室内款，比起携带式打字机更重一些。它具备如钢琴般精密的键盘构造与彩绘刻度等细节，敲击键盘时，可清楚看见整体机械运作的情形。打字机运作需自己排版、校准，文字键入打印在纸上后，不可更改，打字员需要审慎斟酌，书写即是一件严谨的工作。

　　1950s｜美国｜$18,000｜铸铁

246
|
248
―――――
249 | 250

251

251　黑漆书柜　讲究精神，藏于线条

　　老台湾的柜体多为木制，在眷村找到的柜子有着鲜艳的蓝绿漆色，传统汉式柜体则是上朱漆或推油，在清苦人家也有竹日据时代的产物，下抽屉锁片与手把为扁平状，门片为香菇头把手，顶板有欧式的波浪修边，门片用木条勾勒图腾并镶嵌了玻璃。

　　1895 ~ 1945｜中国台湾｜$15,000｜木

252　"普普风"台灯　亮眼吸睛的几何构成

　　这两只分别来自荷兰与德国的台灯，受到太空时代"普普风"的影响，于不同国家制造却如此相似，但也能从细节辨认出不同国家的特色。荷兰制的台灯，灯体光滑，颜色饱和，以圆形几何堆栈；而德国制的普普风台灯，灯体保留了德国釉色不均的粗犷美感，两边的把手则凸显了德国实用性强烈的机能设计，方便拿取。

252

　　1970s｜荷兰、德国｜价格店洽｜陶瓷

253　胶囊灯　便携式小灯具

　　灯罩与底座配色、造型一致，使用金属杆衔接，利用金属关节调整照明高低。可折叠收纳，将灯罩与底座合而为一变成圆形或方形，因此又有"胶囊灯"的称呼。其中，灰色的小立灯是美国电器品牌的赠品，非品牌正规商品，属特别样式。

　　年代不详｜中国台湾、日本、欧洲｜$1,200 ~ 3,000｜塑料、金属

254　削铅笔机　仿自爱迪生留声机

　　约于20世纪60 ~ 70年代生产，机身与底座使用异材质组装，温润的木头底座稳固锁着机身，外壳采用金属镀金。削铅笔机只能削单一尺寸，外形模仿爱迪生发明的滚筒式留声机，有如蜡桶上的虫胶声纹，将转动摇杆以带动内部机械运转的播声方式改为了削笔。

　　1960s｜产地不详｜$3,600｜木、金属镀金

251
———
252
———
253　　　254

253

254

255

255 英国古董关节灯　适于任何场合的优雅工业灯

关节灯最初是在 1932 年由英国汽车工程师乔治无意间发明。金属灯臂宛如人的手臂线条，而衔接灯臂关节的弹簧正如肌腱，可以平衡伸展收放产生的张力，使关节灯可以自由调整每一关节角度，照明范围变得更灵活，在当年是极具效率且富革新性的设计。此款 20 世纪 30 年代的英国古董关节灯是最初的关节灯，圆盘铸铁底座可锁于任何机台、桌面。光滑的暗绿珐琅烤漆除了在高温、高酸的工业环境具有耐腐蚀、坚硬不变色的实际用途外，也焕发出宛如宝石光泽的内敛优雅。

1930s｜英国｜$38,000｜珐琅、铁

256 印章台　尘封已久的姓氏记忆

在日据时期的台湾，印章铺常会设置收纳印章的木质台座，如日本神龛的角柱造型颇有和风端庄韵味，台座也可自由旋转。日本印章多为小椭圆形，只刻姓氏，和台式刻全名的方形印鉴不同，所以印章台内柜的空间设计，也因适应日式印章规格，间隔较为细、窄，在架上则贴有标注日本假名与姓氏细项分类的标签纸，以方便师傅整理拿取。

1940s｜中国台湾｜$9,000｜木

257 美国老文件柜　厂牌刻印与残存标签诉说身世

标示为美国制造，在台湾搜得的老办公文件柜。柜面残存的黄色标签标注着健康诊断表等中文字样，应是来自某家老诊所。除了一层层抽屉柜，文件柜也有一只铁卷小门，将小门拉到底后可于柜子最底端上锁，以确保文件更安全。

1950s｜美国｜$3,800｜铁

258 关节立灯　中式掏耳灯

这类无论是在台湾地区或是欧洲各国都有生产，最具代表性的是法国工业艺术风格的立灯 Jielde，关节式结构优美，无限串接，是关节灯里的经典。此三款关节灯都是一般款式，使用一字螺丝，约为 20 世纪 60 ~ 70 年代生产，其中橘红色的是台湾生产的，造型简约，又名掏耳灯，早期生产供应给美容院使用。

1960s｜中国台湾、欧洲｜$1,000 ~ 2,800｜铁

264

265

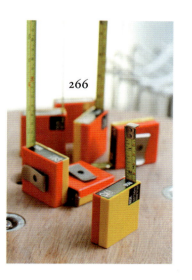

266

259 ~ 261　皮质装帧书籍＆百年钢印机＆古董奖杯　老书虫私藏的秘密时光

　　具有百年历史的英国古董装帧书籍，精装书皮使用皮革，内页则是薄如蝉翼的圣经纸。而后是约有 120 年的英国百年钢印机，铸铁造机体上有手贴金箔，为会计服务公司所用，类似今日的公司章。1930 年的马球奖杯、1936 年板球奖杯，其细致的雕花和铜色精致优雅。

　　年代不详｜英国｜$1,500 ~ 8,500｜纸、铸铁、铜、镀银、纯银

262 ~ 263　美国原始打字机＆英国木制印刷块　老时光书香

　　打字机是老机械式的"哈蒙德"牌，样式不同于"皇家"牌，特殊造型是由哈蒙德设计，特色是键与键之间有一定距离，敲打时能感受到敲打的力度。全球第一部哈蒙德打字机于 1886 年在纽约推出。密麻方格的扁平抽屉是捡字版（盒），约是二次世界大战前生产，里头大小方格可收纳不同尺寸的印刷块，来自不同国家，小的为英国、大的是美国，都是木头制造。

　　（262）1880s｜美国｜价格不详｜铸铁　　（263）1880s｜英国｜价格不详｜木头

264　古托架　镂空斑斓支柱

　　铁制的托架，镂空纹样设计精巧，可置于墙上的木板或书架下，实用性十足，素材原始的色泽泛出美的韵味。

　　1930s｜日本｜价格不详｜铁

265　古本　旧书的深沉稳定之美

　　古本与旧杂志，如《世界美术全集》《民艺》等，从纸质、印刷字形、排版到装帧，都与现在的书本有不同的趣味。泛黄、皱软的纸缘令人翻阅时格外虔敬与细心，油墨不因时间流逝黯淡，反而更显深沉，带着沉稳之美。

　　1940s ~ 1980s｜日本、美国｜价格不详｜纸

266　美国方形卷尺　测量普普风格

　　色彩鲜艳的小方体，是早期生产的小卷尺，方形塑料外壳相当迷你，配色采用黄色搭配黑色，整体设计深受到普普风格影响，尺寸虽小却很抢眼。小卷尺的测量最大值可分不同长度，但都不长，主要是作为文具用品，但外壳仿照工作卷尺设计，侧面也配有金属夹，可以夹于皮带上随身携带使用，相当方便。

　　1980s｜美国｜$300｜塑料、金属

259	264	265
|		
261		
262	266	
|		
263		

267

268

267 法国路易十五黄铜印章　华丽的黄铜雕刻装饰

该印章能吸收纸上多余的油墨，使印能完美呈现，表面的黄铜雕花繁复而华丽，仿佛置身宫廷或贵族家庭。

1930s｜法国｜非卖品｜黄铜、木头

268 法国数字印章　早期文件用印章

20 世纪初法国在文件上所使用的数字印章，多用于盖印编号或日期。木制握柄触感温润，现今看来仍充满迷人怀旧情调。

1930s｜法国｜$6,500｜木头、铜

267

268　　269

269 美国打字机　最后一批美国出产的老式打字机

品牌创立于 1895 年的芝加哥，在 1895 至 1928 年之间，制造了 100 万余台打字机，可见其盛况，1926 年时卖给了英国。每台打字机上都会有编号与名字，它也是美国在 1915 年制作的最后一批打字机，从此之后的型号，皆为英国生产制造。当时生产数量约 449,000 台，与前代不同的革新，是左右上档键与双色带的设置，现在打字机上的品牌字样仍清晰可见。

1915｜美国｜$45,000｜铁

269

270 老墨水瓶　闪耀诗般的光影色彩

来自欧洲，生在沾水笔年代的玻璃罐子造型小巧精致，窄口使用软木塞，有时搭配专用的沾墨台使用。有立体刻纹、六角多边形、文字等，透明、浅绿、深蓝等色彩随着光影折射多变，小小瓶子却存在感十足。

1800s｜欧洲｜$450 ~ 850｜玻璃

271 铅字柜　活版印刷年代的产物

早期使用活版印刷，印刷厂工人制版必须拣铅字，将一个又一个如印章的小铅字挑出，排字成句、组句成文，将制版上墨印刷后，才能完成一份刊物。中文字不若英文由 26 个字体排列组合，每个字都是独立个体，为了方便拣字与收纳，印刷厂内通常有特殊订制的铅字柜，拉开扁平抽屉，可见密密麻麻的小格，都是系统化收纳的铅字。大型印刷厂通常有多座铅字柜，体积亦庞大，而这类小巧的铅字柜应该属小型印刷厂所拥有的。

1960s｜中国台湾｜$8,500｜木

272　古"西门子"剪刀灯　　粗犷有型的工业风经典

　　20世纪30年代的"西门子"剪刀灯,在工厂作业时,可拉伸铁件的锯齿状剪刀体调整照明的距离与角度,有着粗犷的线条造型。灯座与底座刻有非常小的"西门子"字样标章,是西门子第一代的厂牌标记。因工厂作业环境,灯体选用抗蚀耐脏的灰蓝琅瓷烤漆,为保护灯泡,也覆罩了一层已生锈氧化的铁丝网。特殊造型与保存完整的原漆、铁件,共同谱出了冷冽沧桑的质感。

　　1930s｜德国｜$22,000｜铁、玻璃

273　1970太空风小灯　　如航天员在人造卫星上俯瞰苍穹

　　简单的浅盘状银色灯罩搭配一支毫无装饰的铁制小灯柱,简单利落。1969年阿姆斯特朗登陆月球后,受到太空技术发展的灵感启发,伴随着塑胶技术的持续进步,出现大量银色、荧光色与塑胶、合金等新颖的科技材质设计,有着太空时代风格。

　　1970s｜欧洲｜$8,800｜塑胶、铁

274

275

276

277

274
|
275

 276   278

277

274 "狮子"牌自动跳号机   日本经典文具品牌

日本海龙的自动跳号机，也称打标机，可自动打出连续的数字或日期，质地精实，绝版的型号更显珍稀。

1980s │ 日本 │ $2,500 │ 铁

275 "海龙"牌秒表   瑞士古董秒表

瑞士钟表老牌"海龙"制造的秒表，表面印有清晰端正的海龙字样，金属的质地光亮如新，指针绕两圈则为一小时。

1980s │ 瑞士 │ $1,500 │ 铁

276 古欧洲木活字   古老木活字，见证早期印刷史

欧洲活版印刷使用的木刻字，将拼音字母、数字依序排列，字形较为修长。19世纪后，铸字印刷多选用金属与胶泥字块，这款木制刻字在当年素朴的样子，更接近活版印刷最初传入欧洲的材质。

1930s │ 欧洲 │ $23,000 │ 木

277 活字印刷铅字盒   巧纳小物的铅字盒新运用

15世纪，活版印刷的技术自中国传入欧洲，德国古腾堡整合多项印刷术，发明了铅字印刷，这项技术迅速在欧洲传播，为其后的欧洲文艺复兴、宗教改革和启蒙运动等奠定了物质基础。此为放置铅字的浅木盒，现可作为收藏首饰、小物的置物盒，独具风味。

1930s │ 德国 │ 价格店洽 │ 木

278 书桌台灯   包浩斯古雅桌灯

提到书房的旧货收藏，第一个想到的一定是台灯。这盏德国"包浩斯"台灯已有80多年的历史，是名副其实的老台灯，古雅的纯色灯罩带出低调不张扬的美感，接上电源后能正常使用，摆在书桌上，不仅带来柔和的照明，而且也是一件气质清新的摆饰。

1930s │ 德国 │ $8,000 │ 塑料

老物新用途

279

279 机械灯具

以前

　　早期工厂使用的机械设备多用铁或厚实金属制造，经过数十年的使用，有些仍然相当坚固完整，甚至养出了漂亮的锈蚀皮壳。如放送喇叭、脚座等，加以组装都可重复使用。

以后

　　这两盏造型特别的灯具，都由机械的残件改造而成。左边的灯罩原本是汽车引擎的马达盖，内部挖空后改装灯泡，加上金属软管作为支撑，可以自由弯曲角度照明。右边巨大的灯具则是使用台湾早期常见的放送喇叭，加上嘉南金属有限公司制造的脚踏车编框器所拼装，造型相当有趣，昔日放送声音，今日放送灯光。

　　年代不详 | 中国台湾 | 价格店洽 | 金属

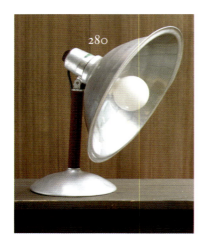

280

280 医用灯

以前

　　原先是医院用的医疗灯，有加热和红外线两种功能。

以后

　　改装新的电线、装上灯泡后，可当作台灯、照明灯使用，宛如雷达的造型相当特殊。

　　1970s | 德国 | 价格店洽 | 铝

281 古笔形模具

以前

以前工厂铸造用的模具，原先的造物不详，有着扎实的金属材质，表面十分光滑、细密。

以后

长形的圆弧凹槽，非常适合放上一支笔，成为古味盎然、色泽醇厚的独特笔架。

1980s｜日本｜价格店洽｜铸铁

282 马梯

以前

马梯又称马椅梯，"A"字结构可合起来收纳，打开时上方两块木板变成一个小平台，方便工匠坐在高处长时间作业。这只木制马梯的结构稳固厚实，上有"百合堂"的刻字，表面具有深浅刻痕，保存了工人使用过的质感。

以后

远离凡是亲力亲为的年代，现代人居家修缮有专人代劳，马梯已不列入居家必备用品的清单，但只要将"A"字脚张开，加上一块木板就能当成漂亮的层架，平日收藏的无法展示的木料、物品都可一一展现。

年代不详｜中国台湾｜$6,000｜木

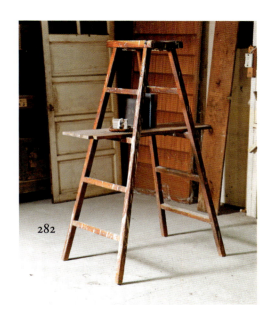

283 老鹰柜柱灯座

以前

原本是从大铁柜上卸下的两只老鹰脚柱，带有法国古典帝政时期善用女体、天鹅、老鹰等实物图像的巴洛克装饰风格，羽翼与脚爪雕刻对称而细腻。

以后

将老鹰脚柱焊接于灯柱上，锁上自己喜欢的灯具，即成了独一无二的桌灯。选用可与附加底座的螺丝口灯柱，即可与大多数灯具搭配。即使不加装灯具，作为书档或摆饰品也富有装饰价值。

1910s｜法国｜$14,500｜铸铁

284

286

285

2-6 卧室

人的一生中，约有三分之一的时间在睡眠，我们在卧室度过了许多时间，一张床承载着我们的躯体，也每天孵化着不同的梦境，或许我们遗忘的，卧室都记得。那是最让人松弛、轻盈的地方，联系着美好的休息时刻。

284 日本老商店梯子

旧时日本杂货店的梯子，未使用钉子固定，而是利用木头的精准卡榫。细长的木条让整体风格简单而优雅。

285 暖炉

老式黑色电暖炉，造型简约，现今仍能正常使用，在寒风刺骨的冬夜打开电暖炉，空气变得温润暖和。

286 日本水蓝色蚊帐

以前是日本夏天使用的蚊帐，水蓝色的外表给人以清新凉爽之感，现作为空间布置元素之一，简单垂放的蚊帐就像精心设计的摆设，也为空间点缀了鲜艳的色彩。

经典代表

287

一体成形流线型座椅

287

美国

老课桌椅

一体成形的工业风经典

美国学生课桌椅，至今已成为深具魅力的座椅老件。依赖工业技术革新所制造的一体成形钢质桌椅，箱型椅座可以置物，流线型椅座表现出类似船舶、汽车外形的现代设计。而附笔槽的木片桌面、椅垫与椅背，则于工业感中增添了几分润泽与温度。原本椅身为牛奶色，先前持有者另外上了一层粉蓝漆，已有些锈斑剥落。椅座后方刻有使用年龄标示，方便学校分类整理，如图中标示"13"，即专属 13 岁学生使用。

1941 ｜ 美国 ｜ $5,800 ｜ 木、铁

"13"适用年纪标示

美分旧制投币设计

略呈不均匀瑕疵
的老式玻璃

少见的暗蓝色方体外型

288

288

1950 美国糖果机

轻轻一扭，转出甜蜜缤纷的儿时回忆

早期美国制造的投币式糖果机，投钱后扭转中央旋钮，泡泡糖等糖果便会从接嘴滑出。一般常见的糖果机样式为大红色圆球体，这款为暗蓝色正方体，较为少见。下方突出的接嘴是为了防止糖果滑落地面而设计，接嘴盖子刻有公司的可爱橡实标志。因技术问题造成的厚薄、色泽不均匀的玻璃，及旧制美元一分钱的投币设计，都是老件的时代特征。

1950s｜美国｜$8,800｜铁、铝、玻璃

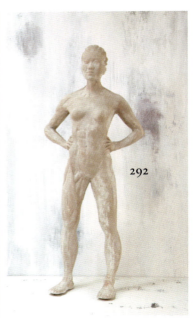

290	
289	|	292
291	

293

289　猫头鹰标本　漂洋过海的灵魂

20世纪约30～40年前的猫头鹰标本，神情灵巧，栩栩如生。令人联想到《哈利波特》，是带来好消息的信差。制作鸟类标本需要相当复杂的工具与药品，要具有解剖学、动物学知识与技巧，制作、加工等手续相当繁复不易，能保存至今相当难得。

1970s｜法国｜非卖品｜动物

290～291　水平仪和古英国铜秤　造型优雅的日常精密机械

这只英国铜秤的造型比起常见的砝码磅秤、悬吊式磅秤更显繁复一些，是机械发达时代的日常用品。黄铜制，铁台座，有如钟摆般交叉而过的两道弧形悬臂，刻度也较为细密。使用时将物品放置在黄铜圆盘上，悬臂会向外张开，如钟摆略为摇荡后对应红色小指针，指出正确重量。铜秤上置放的是建筑师、测量员校准斜度时使用的水平仪，其承袭了19世纪以玫瑰木、樱桃木等良木搭配金属镶饰的样式，实木与黄铜两相配搭，质感高雅。

（290）1970s｜英国｜$2,800｜实木、黄铜　　　　（291）1940s｜英国｜$5,800｜铜、铁

292　法国女人体塑像　花都艺术精神

身体一半是平滑肌肤，另一半是一束束的肌肉剖面，线条粗犷却也不失对人体的细腻掌握，似乎有意检举、揭露某些表象下的物事，但也难以阐明，有种野性的法式趣味。叉腰挺胸，微微抬起头的站姿相当自信率性。在巴黎，艺术家或艺术学院的学生将自己的创作带到市集贩售是很生活化、稀松平常的事，这无形间拉近了艺术家与买家的距离，也使人更能在亲身互动中感受创作与作者的微妙关系。

不详｜法国｜价格店洽｜陶

293　古法国齿轮教具　具体而微地展示机械的巧妙运作

法国早期工程课的教具，用以教授、演示齿轮运作。借由转动支架侧面的转轴带动机械转动，学生可观摩齿轮如何咬合运转，自己也可实际操作。铁制稳重，粗犷中带有精致。

1950s｜法国｜$4,200｜铁

294

294 古典"蛇腹"相机　洋溢浓浓复古风的优雅相机

由美国公司制作的古典折叠"蛇腹"相机，又称作大画幅相机或移轴相机。金属压铸机身，蛇腹可伸缩、调整镜头和机身的相对位置。早期相机镜头对焦功能不如现代的敏锐，常借由蛇腹辅助增强操作的灵活度，闪光灯也是拍完即丢的一次性闪光灯。古典相机没有电子机械零件，各组件体积较大、笨重，需仰赖摄影师人工组装，平日不使用相机时，常会将各组件拆开个别存放。从拍照到保养的环节，都能突显早期摄影师与相机的紧密关系。

1950s ｜美国｜$15,000 起｜金属

295 老随身听　旧时代风雅

20 世纪 50 年代的美国随身听，电镀表面光洁高雅，郊游野餐时也可随时播放喜爱的黑胶唱片。

1950s ｜美国｜价格店洽｜塑料

296 老学生椅　学生必备，认真听讲课

这是美国早期使用的学生座椅，桌子与椅子一体成型设计，金属底座搭配木头桌面与椅面，让冷硬的工业风格多了一丝温暖，坐起来也相当舒适。美国学生椅的设计的特色是机能性强，桌面掀起下方有大容量的储物空间，且椅座是可旋转的，以方便进出。

不详 ｜美国｜价格店洽｜木

297 古德国手风琴　广场与舞厅的美丽乐器

手风琴发源于 19 世纪的欧洲，可独奏也可合奏，是重要的舞蹈与民族风乐器。这只 20 世纪 50 年代的老手风琴是较普遍的钢琴键盘式，外观为艳红赛璐珞贴片，黑键部分也漆成红色。手风琴是较容易保存的乐器，使用数十年仍能保持优美的音色。特别是 20 世纪早期手工制作的手风琴，从木质、簧片乃至外壳贴片的质感都相当细腻，使用越久，外壳越光润，唯蛇腹风箱处容易风化龟裂。

1950s ｜德国｜$20,000 起｜木、金属

295

```
        294
        ────────
        295
        ────────
    296  │  297
```

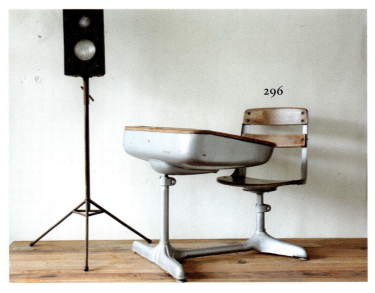

296

297

298

299

300

298　老雪橇　日本百年滑雪瘾

　　纬度较高的日本在 1911 年因军事需求而开始注重滑雪，而长野县也成了日本滑雪的起源地与滑雪胜地。这个日本昭和时代使用的古雪橇，采用木头制作，固定雪靴的地方使用现代材料金属与弹簧，把手则是牛皮制成，质感细腻。

1926 ～ 1989｜日本｜$6,000｜木、牛皮、铁

299　日本昭和地图　展开观看世界的方式

　　人类发明地图已有 500 年以上的历史，从地图里头可见当年人类对世界的描绘，从山脉海洋的分布发现气候变迁，从国家权力的消长回应当代历史，不同的地图具有不同的使用目的，战略的、旅行的、观察的，这些日本昭和 45 年左右的古地图尺寸相当巨大，一张打开约 170 厘米宽、200 厘米长，记载了不同年代人类的世界观。

1960s｜日本｜$3,500｜纸、木

300　古体操棒　有趣的怀旧体育小物

　　从废弃体育馆带回的木制体操棒，外形宛如修长细颈的保龄球瓶，是艺术体操用以抛接、摆动的棒操道具，现今体操棒多为色彩艳丽的塑胶制品。这样纯朴的木材，棒身两端有着频繁使用的手痕与标签渍。

1970s｜德国｜$1,200｜木

301　蝶画　一场永不褪色的蝴蝶梦

　　蝶画又称蝶翅画，渊源古远，1400 多年前，唐滕王李元婴开创了所谓的"滕派蝶画"，一幅大型蝶画可能耗时数年，并且采用百种、上万只蝴蝶，蝴蝶丝绢绸缎般的质感、斑斓亮丽的花样和不同光度的金属光泽，经过繁复的软化、展翅与干燥等过程，加上作者匠心巧手，方能成就鲁迅所说的"缺门、独门、冷门的文化瑰宝"。台湾地区素有"蝴蝶王国"的美誉，种类丰富的彩蝶便是艺术家创作蝶画的素材，多外销，1975 后生态保护意识渐兴，蝶画也因此锐减。这幅珍稀的蝶画绘制了同样天生丽质的孔雀，虽敛起了艳丽的羽毛却不减风华。

1970s｜中国台湾｜$2,000｜蝴蝶、宣纸

298	299
	301
300	

301

301

302

302 小学生椅　美术教室的回忆

形制非常迷你可爱，由铁管弯折而成的骨架与椅背，以相当精简的手法完成了椅子该有的实用机能，造型比例优美，颇有包浩斯风格的意味。小学生椅的座面搭配了各种颜色的塑胶皮，粉色、橘色、鹅黄、乳白等，发现时有不少皮面沾染了颜料，不禁让人猜测它们是在美术教室所使用的。

1970s｜日本｜$2,600｜铁、塑胶皮面

303 娃娃制造模具　从恐怖中诞生的模具

原本是用来制造娃娃的模具。装置的底部有注入孔，将橡胶注入，塑成娃娃玩具的零件，最后再组装起来。软胶玩具模型，用来制造可爱玩具娃娃，有着奇异氛围，而老娃娃的模具，是稀有中的稀有。

1960s｜日本｜价格店洽｜铜、铁

304 日本万花筒　胡桃木制瑰丽小世界

日式万花筒，胡桃木制作，质地温润细致，并有专属的小盒子，精巧如笔。三稜镜反复折射的是外面的光景，镜花水月，转瞬看见的美丽花样都可能旋即消逝。小巧的外形携带方便，随时用多层次折射的美景透视外面的世界。

1895 ~ 1945s｜日本｜非卖品｜胡桃木

305 "灯"牌怀炉　台制怀炉温暖数十年光阴

顾名思义，是置于怀中用来取暖的小暖炉，中国台湾制造的灯牌以生铁为材质，表面镀铬镍，可加入原厂出产的煤油取暖，温度约可维持在 50 度，保持 5 个小时的温暖。表面可见灯牌的招牌笑脸图样，在暖暖包尚未出现的时代，把怀炉放在小袋子内随身携带，人们可以度过一个个寒冬。

1960s｜中国台湾｜$600｜铁

303

304

305

306 苏联辉光管数码钟　风格电子钟

相较于一般有指针、盘面的时钟，辉光数码钟表现了崭露机体零件的随性，像是表现复古的数位科技感。苏联制数字辉光管，填充氖气，色温类似钨丝灯，于黑暗中发光时，辉光线路特别有风采。辉光管是数量稀少的旧式电子产品，部分零件甚至得从旧电器或军用品解焊取得。

1970s｜苏联｜$28,000｜玻璃、电子主机板

307 牛皮童鞋　凝聚往日孩童欢悦足音

"板桥"老鞋厂制作的真皮童鞋，牛津鞋式样，小圆孔雕花与鞋带是装饰重点。全手工打版、揉革、车缝，至今仍保存良好，是受到不少服饰店欢迎，摆放于室内能画龙点睛增添怀旧精致风格的老件。

1970s｜中国台湾｜$900｜牛皮

308 英国老课桌　坚实耐用老课桌，岁月淘洗温润焕发

英国木制高脚老课桌，桌面有装设掀榫而挖的方形孔洞，可往上掀翻放置物品。因长期自然使用，桌面木质带有温润皮壳，下方脚踏也磨得发亮，边缘与侧面有陈年白斑裂隙。

1970s｜英国｜$12,000｜木

309 古跳箱　多用途的缤纷跳箱

日本小学的体育器材跳箱，全实木制，共七段，粉红色与黄色的原漆正是日本昭和时期器物的代表色，活泼的配色仿佛带人回到了小学的体育课上，孩子们一面玩耍一面锻炼体能，圆圆的脸颊带着汗水和快乐的笑容。现在，原漆与木材斑驳的状态正好，展现出质朴的美。木箱皆用榫接技术所制，顶端绷上帆布，再以铁卯钉收边固定，做工精纯。改变木箱的摆设方式或位置，可作为家中的书架、置物柜或展示架，或者作为矮凳、边椅。

1930s｜日本｜价格店洽｜木

306

———

307

308　　309

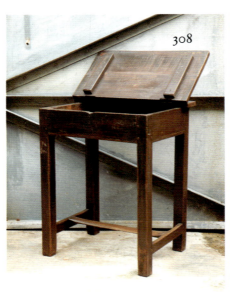

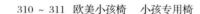

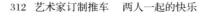

310 ~ 311　欧美小孩椅　小孩专用椅

美国制，因适应顽皮小孩的日常使用或者时常的大力撞击，单椅设计以坚固为宗旨。另一张来自荷兰的小孩椅，同样以制造学校用椅而闻名，和前者一样耐撞，成人就算拿来坐也很合用。由于能够承受大人的重量，也适合心里住个小小孩的大人们。

（310）1970s｜美国｜$1,480｜塑料、铁　　（311）1970s｜荷兰｜$1,480｜合板、铁

312　艺术家订制推车　两人一起的快乐

一个人偷偷开心比较好，还是两个人一起大笑比较疯？由行李推车改造的它，不管任何身形都能坐上，唯一限制是一个人玩不起来。这款两个人同乐的东西必须一人在前操控方向，一人在后提供动力输出。因为不配备安全气囊，为了驾驶的安全，本车有红色手刹车一只。

1970s｜荷兰｜价格店洽｜铁、五金、塑料

313　艺术家订制吊车　结构精巧的大人的玩具

这款吊车完全比照工地常见的吊车比例，无论是确保稳固的延伸结构、增加面积防止倾倒的木料、操作转动的吊具，还是轮子的转动，一切细节都仿真，吊车有着超过 1 米的高度，木质经年累月的触摸，光滑温润，是小男孩的梦幻玩具。

1970s｜荷兰｜价格店洽｜木、五金、塑料、尼龙绳

314　木制不倒翁　温暖的木偶

不倒翁一般是用纸糊制作，但这件作品是以木雕制成，眼睛部分则以挖洞方式呈现。乍看之下会觉得表情有点可怕，但是木头的温暖一丝一丝沁入心脾，感觉是在温柔守护着大家。

1960s｜日本｜$5,800｜塑料

310
|
311　　313
312

314

315 "威尔逊"牌枫木网球拍　旧时的青春运动风情

美国百年运动品牌威尔逊的网球拍，是偏白、偏硬的枫木材质，现今则多选用碳纤维、塑钢等复合材质。不玩时需将球拍放回木夹具内并锁好四个边角，以免木制球拍变形歪掉。握把上除了标有品牌，也贴有当时网球名人的彩色画报，就像今日常见的高尔夫、网球等运动明星广告，现今看来仍是很时髦的装饰。

1960s ｜ 美国 ｜ $2,200 ｜ 枫木

316 美国墨水台学生桌　诸多体贴细节的小课桌

美国祖父辈幼年时使用的实木学生桌。掀开桌面背板，还可见到学童当年的涂鸦。桌脚双边支架相当稳固，而桌面设计略向座椅面倾斜，使学童写起字来更舒适。桌面与抽屉各设置了一处笔槽，桌面的圆形凹槽则用以放置墨水瓶，方便学生用羽毛笔、自来水笔沾墨书写。

1930s ｜ 美国 ｜ $11,000 ｜ 木

317 美国经典小推车　亮眼儿童风格老件

美国百年童车品牌的经典款推车，有标志性的大红外观与四只小轮胎，篮身侧边以白漆标示品牌与型号尺寸。它以三轮车、学步车、滑板车闻名，各年龄的孩子都能找到自己喜爱的车款。在美国老电影中常见到小朋友将玩具放进红色篮子，在街道或庭院快乐推行玩耍，或当滑板车滑行的场景。从轮胎可辨别不同年代，早期多是橡胶，内圈包铁，20 世纪 70 年代后轮胎多为塑胶制，重量轻。

1970s ｜ 美国 ｜ $7,800 ~ 10,800 ｜ 塑胶

318 古董玩具枪　向怀特·厄普致敬

因为太过逼真，这支古董玩具枪要输入中国台湾地区时，还得经过极为严苛的检查。大约制造于 20 世纪 30 年代，仿制西部拓荒传奇人物怀特·厄普（有人说他曾是赌徒、骗子、通缉犯，也有人认为他是地下警长或正义的化身，一生的传奇色彩浓厚）配枪而制，枪体采用实际尺寸一比一制作，所有细节都遵照原型，是西部片迷相当喜爱的收藏品。

1930s ｜ 美国 ｜ 价格店洽 ｜ 铁、木柄

			318
			319
			｜
315	316	317	321

319 ~ 321 "通卡"推土机、砂石车、吊车　强悍占领玩具名人堂

"通卡"是一家创立于 1946 年的玩具公司，创办人贝克、阿弗雷原本对玩具产业不感兴趣，主打的是金属家用制品，却没想到作为副线产品的铁皮玩具车意外广受欢迎，因此才改制为玩具公司。通卡车最大特色除了是铁皮制造、浑身刚硬风格外，难得粗犷中带有细腻，车门、轮胎、轴承等所有关节几乎都可扭动，十分逼真。早年生产的通卡车在 2001 年入选玩具名人堂，成为经典中的经典。

1940s ~ 1970s ｜ 美国 ｜ 价格店洽 ｜ 铁

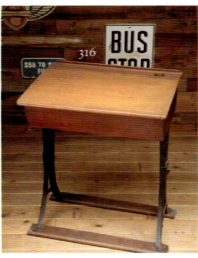

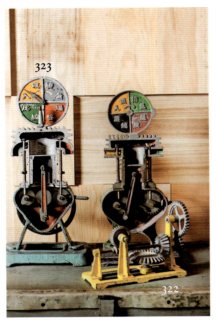

322 ~ 323　引擎专用教具　迷人有趣的学校旧物

直立式的机器是职业专门学校的教具，用于引擎气门教学使用，上面指针圆盘印有排气、爆发、压缩、吸入等立体字，可用来当成特殊摆件。另一个由大小齿轮组装的黄色小机器是普通学校用的教具，用来示范齿轮转动的关系，建构出精巧的空间世界，可作为桌上趣味纸镇。

年代不详｜中国台湾｜齿轮 $1,500、汽车教具 $5,000｜实木、金属

324 ~ 325　"宝丽来"拍立得和皮套　经典彩虹机

至今仍在生产的拍立得相机，具有非常多的机型种类，最经典为彩虹色线条机款皮套，机身外壳包裹皮革，并有专用皮件背包。

1970s ~ 1990s｜欧洲｜拍立得相机 $1,500 ~ 8,000｜塑胶、金属、皮革

326　儿童铝椅　幼儿园的老单品

金属台是早期台湾儿童用椅，使用铝制材质，风格深受"美援"时期影响，普遍见于当年代的幼儿园。

1951 ~ 1965｜中国台湾｜小板凳 $2,800｜铝、木

327 ~ 334　各种古旧时钟　桌上发条小时计　滴答响的时间之歌

集合德国、瑞士、中国台湾不同年代的桌上用小时计，使用发条动力的各种机械钟，以其不同品牌，或圆或方、双脚或一片式底座，外露或隐藏响铃等设计，各有不同可爱。其中，红色小时计是出自德国机械闹钟厂家制造。

年代不详｜德国、中国台湾、日本｜$800 ~ 2,000｜金属、塑料

335 法老王　畅销数十年的德国经典玩具

德国品牌玩具的法老王成人尺寸人偶，胡子脱落处露出几颗细细的小钉。为汉斯・巴克设计，分为成人、小孩、婴儿三种人偶尺寸。自1974年于纽伦堡国际玩具展首次推出后，便大受孩童欢迎。其最大的乐趣为各式各样的组合式想象情境。如圣诞、马戏团、维京人、遗迹探险等数十种玩偶，是畅销全球数十年而不衰的德国国民玩具。

1980s ｜ 德国 ｜ $90,000 ｜ 塑料

336 "佐藤像"存钱筒　风靡街头的橘色大象

早期在台湾的药房门口可见的橘色大象，是日本"佐藤"制药的吉祥物。1965年，佐藤制药生产的药正式在台湾贩售，其实早在1955年，佐藤像就已出现在药品的包装或宣传印刷品上。穿着深蓝色吊带裤、神情善良憨厚的佐藤像进驻20世纪60年代的台湾街头后，造成风靡热潮，除了摆设外，厂商也推出了存钱筒等外围商品，亦有各种不同的尺寸，小至桌面摆设、大至与人等高，至今仍是收藏家眼中可爱的珍品。

1960s ｜ 日本 ｜ $5,800 ｜ 塑料

337 青蛙店头公仔　药局的镇店之宝

日本制药厂早期便有企业宝宝文化，除了赠品公仔外，还有许多大型企业吉祥物放在销售通路（药局）作为广告宣传。提到药局企业吉祥物，最有名也最抢手的，莫过于佐藤制药的佐藤象，而这只青蛙店头公仔是由食前胃肠药所制作，下方设计的四面广告看版介绍商品，是难得的尽责推销商品的企业宝宝。

1970s ｜ 日本 ｜ $18,500 ｜ 塑料、铁

338 古牛只教学标本　令人屏息的生物精细构造之美

此件标本中牛的肌肉纤维束、器官、细胞、血管历历可数。牛的各部位标对照纸本说明的小数字，共标有90多处，牛头有小钩收合样本。它充分展露了生物有机构造的解剖风格，令人联想到英国艺术家希斯特的《自然历史》的系列作品，从虎鲨、蝴蝶，乃至骷髅头，生物体本身就是值得仔细观察叹赏的有限艺术品。小牛外壳有些脆裂，浅蓝色底座上标有单位编号，在过去应是某一公家单位的教学工具。

1970s ｜ 比利时 ｜ $非卖品 ｜ 木、金属、玻璃纤维

335
336

337	338

339

339　旋转木马　载满百年欢笑

　　欧洲制造，进口到美国游乐园，当它流落到古物市场时，当它其出处与年代已经不可考，但依原料、绘彩形式推测大约有 90 年以上的历史，从头到尾使用实木刻造，而非现代塑料，是非常早期的游乐园木马。

　　1910s ｜美国｜价格店洽｜木、铁

340　巨大糖果机　欢乐指数无限放大

　　美国糖果机，约流行于 1950 年到 1960 年，也有 1970 年出品的机器。早期糖果机为铁造，此款约有 158 厘米左右，底座采用塑胶，为加拿大制造。由于造型醒目，此类糖果机具有广告效果，常放在大商场或游乐园等，功能与小型糖果机相同。

　　1950s ～ 1970s ｜美国｜价格店洽｜塑料、铁

341　老糖果机　五分钱买随机惊喜

　　20 世纪 50 年代常见的小型糖果机，透明箱中装满色彩缤纷的糖果，凡走过的小孩无不受到吸引，大多为杂货店所使用，摆放在店头外作为揽客的商品。最迷人之处在于随机出货，投下五分钱，转动下方把手，掉出的糖果口味无法预期，往往充满惊喜；坏处是，若你是个运气极差的偏执狂，可能得在这里转个欲罢不能。

　　1950s ～ 1970s ｜美国｜价格店洽｜铁

342　法国小学生课桌椅　不分年龄工业味

　　约是 1930 ～ 1950 年的法国小学生课桌椅，桌椅抽屉为一体，主要结构使用铁管弯折而成，椅座与桌面加上木头，桌面上有放墨水瓶的洞与铅笔槽。小学生课桌椅常见于中国台湾、日本、美国、法国，中国台湾与日本的老品多用木制，美法则偏爱铁件，而法国跟美国的差异则在于，法国制造的课桌椅铁管流线感较强，美国的风格较硬朗。

　　1930s ～ 1950s ｜法国｜价格店洽｜木、铁管

343　器官模型教具　触目惊心的诡谲摆件

　　保健室奔跑的人体模型是小学生间疯传的校园传奇，或许是因为想象力的无限放大，人们对于保健室使用的器官模型教具有着又惧怕又好奇的矛盾情节，用来作为空间摆件已不能称为吸睛，而是强迫你打开眼睛。头、心脏、手、脚等不同部位模型，大多来自德国与美国。20 世纪 50 年代德国生产的心脏教具做工细腻，可以逐层打开解剖，通常由于学校教具或是医院医生用来解说病况。

　　1950s ｜德国、美国｜价格店洽｜塑料

老物新用途

344

344　老药罐

以前

　　图中老药罐主要可分两类，中高脚药罐为中药房使用，由于早期中药柜都是用小抽屉收纳药材，如参片、海马等大型药材就必须放在高脚药罐中，也是为将昂贵药材展示在柜台；其他为西药房使用药罐，染色玻璃可避免阳光照射变质，窄口的玻璃罐是用来装药水的，可以防挥发。通常药罐形制越特殊、越小、有立体压字，越是珍稀昂贵。

以后

　　色泽怀旧，可以用来收纳分类各种小物，或茶叶、咖啡等。瓶中绿色弹珠在日本称为"河童的眼泪"，是海边玻璃瓶罐碎片经过自然风化形成。

　　年代不详 | 中国台湾 | $300 ~ 1,200 | 玻璃

345

345　旋转工具盒

以前

　　早期电器行、钟表店或五金行常见的工具收纳盒。三层式圆盘每一层都有数个分类格，可以收纳不同的螺丝钉、螺丝帽或工具，加上底座做成可旋转的设计，使用起来相当便利且一目了然。对于长时间的维修工作，是相当得力的工具。

以后

　　早期旋转工具盒用来收纳小男生的玩具最适合了，旋转工具架变身玩具车的立体停车塔，依照车种、属性、喜爱度分类，有着收纳与展示的功能。

　　1970s｜中国台湾｜价格店洽｜马口铁

346

346　古鞋模小夜灯

以前

　　从废弃老皮鞋厂带回的木制男鞋模，实心木料，标有尺码，钻孔系绳便于携带。

以后

　　于鞋模上方钻孔埋装电线，并加装贝壳灯罩，便成了复古的特殊小夜灯。整体式样似乎是一个人低头弯腰看自己的鞋子，优雅中带有趣味。

　　1970s｜中国台湾｜$3,300｜鸡油木、铜

厨房不仅是烹调菜肴、清洗锅具的地方，还是女子们聚在一起交换知心话题的地方，笑语之间，就完成了烤蛋糕、煲汤，或煎一盘金黄色的炒蛋，在这里，新鲜食材变成了热腾腾的美食。男人进了厨房，挽起袖子，大火快炒或细火慢炖，日常幸福于焉展开。

347 浅蓝橱柜

四脚的方形橱柜，浅蓝色的油漆泛着淡淡的绿，形成了色调特殊的外观，收纳功能也相当好，可放置厨房用具或其他生活用品。

348 珐琅盘子

温暖而鲜明的颜色是珐琅制品特有的标志，鲜艳鹅黄的珐琅盘子，盘子边缘与底部都有深浅不一的斑驳痕迹，使温和的鹅黄中带有陈旧的成熟感。

349 铜制花样水果盘

黄铜制的花边水果盘，内部的镂空雕刻花纹不过于华丽，反而展现了大方而均衡的样子。镂空也正好能沥出盘中多余的水分，适宜盛装蔬菜水果。

350 蛋糕模具

烤杯子蛋糕的模具，历经时间淘洗，色泽暗红并有些许斑驳，如今可作为摆饰。

经典代表

351

天然矿物漆与生铁机身

早期专业式的手摇刨冰机

华丽雕饰，洋溢日本风情

351
手摇刨冰机
日式典雅欢庆

　　日本手摇刨冰机，属于较少见的专业型，可从特制旋钮调整磨冰的粗细，下方转盘有尖齿钉，可咬住、固定冰块。机身以生铁打造，质感沉重，经自然氧化后色泽相当优雅。特别的是它充满了日本风味的典丽装饰：机身两侧有镂空雕饰，正面刻有菊花、仙鹤、太阳、日本国旗等日本文化象征物，以天然矿物漆彩绘，透气透湿，且色泽鲜明经年不褪。众多细节使原本的庶民常用品，展露出艺术品般的高雅风韵。

1895 ～ 1945s｜日本｜$25,000｜生铁

Tappan 品牌

352

白色珐琅涂装

352
泰潘瓦斯炉
不容忽视的厨房巨兽

这座重达 200 千克以上的传统瓦斯炉是由美国"泰潘"于 20世纪 50 年代推出的产品，四口炉设计，具有中间烤箱与右侧的面包发酵箱等设计，表面采用白色珐琅涂装，接上瓦斯仍然可以使用，保存良好，原厂保证书也被留存下来。泰潘品牌在厨具界具有相当高的地位。泰潘在 1952 年首次将美国"雷声"发明的微波炉"P.L. 斯潘塞"安装于炉台上，推出了全世界首座搭载微波炉的炉具，重量达 340 千克，堪称厨房巨兽。

1952s ｜美国｜价格店洽｜金属、珐琅

第二章 古道具选   143

353 ~ 354 美式瓦斯炉 & 刨丝器　美式经典厨房

出自台中地区美军宿舍的古老瓦斯炉，约是"美援"时代的产品，纯铁打造的方形外观，可接瓦斯烹煮料理，下方则结合烤箱设计。旧式的炉具不堪用，可清空作为收纳柜。锁在木梯上的机械则是早期厨房专用的刨丝机，设计犹如削铅笔机，转动把手就可以将胡萝卜或小黄瓜刨成丝。

1951 ~ 1965s｜美国｜价格店洽｜铁

355 "热点"牌冰箱　意大利经典家电

创立于 1918 年的意大利"热点"是已超过百年历史的家电品牌，旗下产品包括洗衣机、瓦斯炉、冰箱等。热点大约从 1948 起开始研发冰箱，是老杂志广告经常可见的，不同当代造型的方形高瘦，单门片上有立体三叉纹，外形胖胖可爱，又有"面包冰箱"之称，最大的特色是强调机能内装，打开冰箱里头有各种不同的分类层与各种盒子配件，包括有小巧独立的冷冻室。

1950s｜意大利｜价格店洽｜铁、烤漆

356 ~ 359 直立老古董秤　蜡印皇家认证的信用

古董秤依照类型各有不同功能，铸铁机身镶嵌铜面板，左上与右下都是平衡秤，年代更加古老，使用砝码计算重量。这三只都是为早期杂货店、蔬果店所使用，早期的秤都必须经过"皇家检验局"的检验具有公正性才能使用，可在上头找到蜡印。左下的两个小秤都是邮局使用的信件秤。

1930s｜英国、美国｜价格店洽｜铜、珐琅、铸铁、石材

360 ~ 362 美国老面包机　早餐帮手三兄弟

老面包机的造型多变，这三款不同年代与国家出产的老面包机，自左边数分别是双口面包机、"西屋"双开面包机以及美国 20 世纪 50 至 20 世纪 60 年代出品的 E 段烘焙木底座面包机。最为特别的是西屋面包机，采用双开门设计，即使不能运作也能拿来当作卡片座。

1950s｜美国、日本｜价格店洽｜木、金属

	356	360
353		
—	—	—
354	359	362
355		

363　日本老秤　黑白简洁风

　　1千克以内的磅秤，有着轻巧的结构，为家庭料理用磅秤，可称糖、面粉或者其他佐料，秤面为有弧度的五角，几乎为平面，并有些许落漆。简单的黑白配色，糅合和式低调与西洋对比线条。
　　1960s｜日本｜$3,680｜铁

364　哥伦比亚法国老秤　细腻优雅料理

　　圆形秤面、方形秤台以及后方稳固基底，完整的结构如同现代的秤，却能够在细节中看到老件的独特风采，沉黑底盘有着巴洛克式的花样线条，指针下方的菱形弯曲富含法式风情。
　　1960s｜美国｜$3,680｜铁

365　美国家庭用磅秤　太空时代橘与白

　　来自美国家喻户晓的家庭用磅秤，品牌创立灵感却是来自于法国料理，而它受到欢迎的原因是真人真事改编的电影《美味关系》中的料理老师朱莉亚在节目中大力推荐而一举跃上国际市场，至今仍继续生产。而它外观橘与白的配色及塑胶外壳，是太空时代最流行的元素，造型利落方正，上方的盛处在不用时能作为秤的盖子，方便防尘。
　　1976｜美国｜$3,680｜塑料

366　中国台湾老菜橱　菜根香留驻

　　早年没有冰箱，为了将餐食剩下的饭菜保存到下一餐食用，妇女们会将剩饭剩菜回锅加热消毒，放在菜橱内保存，隔绝蝇蚁沾食。菜橱的门片设计大多安装纱网，有的连侧板也是，以利通气避免臭酸，而橱脚搭配砖胎或陶制的"橱仔脚"作为防蚁装置。早期桧木制菜橱的尺寸有大有小，大款可分上下两座，但最受欢迎的就是类似这样高度100厘米左右的小型橱柜。此款小菜橱的特色是具有上、中、下不同设计，许多藏家收了菜橱后，会将纱网或损坏的侧板换成玻璃，改制为合乎现代使用的展示柜或小书柜。
　　年代不详｜中国台湾｜$7,000｜桧木、玻璃

367 古法国红铜锅组   优雅天成的法式饮食文化

古代法国相当常见的家常厨具，导热速度快，可将香味迅速封存于食物中。带金橘红色泽温润优雅，锅底的褐色燎渍则表露了火燎的使用痕迹。手把由导热较慢的合金制成，内面镀锡，无毒耐用。

年代不详｜法国｜$4,280｜红铜、锡

368 古法国家用烤箱   法式烹饪风情

精致沉实的法国烤箱，约有80年的历史。上方圆盘处可以煮汤，下方烤盘则烤面包、烤鱼皆宜，可从中央小窗观察烘烤情形。外部的调节通风处，则以黄铜装饰成有刻纹的五瓣花朵。最下方以小煤炉加热，且煤芯干净。可想象当时人们的烹调生活：优雅，它充满多功能与美感细节，比起现代厨具也丝毫不会失去便利性。

1930s｜法国｜$45,000｜铁

367　｜　368

374

375

369 ~ 371 酱菜罐、蒸馏瓶和菜罩 酱菜年代的回忆

　　左边两只大玻璃罐为台湾早期甘仔店常见的酱菜罐，一为圆柱形、一为方罐型，瓶盖为塑胶制。右边窄口胖身的玻璃瓶则为蒸馏瓶，用来酿酒或制蒸馏水，因为瓶子重量沉甸，通常会搭配特制置罐铁架使用，以便倾倒。圆形网罩是日本早期使用的菜罩，盖在餐桌上防止蚊蝇沾食饭菜，边框用生铁制，网子接近近代的塑胶材质。

　　1970s ~ 1990s｜中国台湾、日本｜（369）$500 ~ 800（370）$2,000 ~ 2,500（371）$600｜玻璃、生铁、塑料

371

372 ~ 373 木雕鱼 & 猪公秤 老道具变身壁挂艺品

　　形体巨大的木雕鱼是台湾早期的木雕艺品，采用樟木雕成，雕刻手法有拙趣，年代与用途已不可考。钓鱼物件是台湾老秤，不同于西洋秤，而是使用秤砣来计算重量，超过 1 米的长度，一颗秤砣将近 25 千克，极限值可计算到 50 千克，诸如此类的巨大秤被称为"猪公秤"，为早年养猪人家会有的生财器具，宰杀猪仔后用来计算买卖使用。

　　1950s｜中国台湾｜（372）$8,000。（373）$2,000｜樟木

369	372
371	373

374 古热水器　朴实简单的生活感

加热石膏，放上热水壶，高温便能煮沸热水，是日本昭和时代家家户户必备的御寒电器。为它换上了新的电线与插头，在现代依然能回味古老生活的朴实感。

1930s ｜日本｜价格店洽｜石膏

375 古酱油罐　龟甲万酱油的复古版

长方形的铁盒上生了轻微的铁锈，宛如毫不费心绘制的天然图样。这是过去的酱油罐，盖子为木制，掀开一看木盖都深深地染上了酱油的浓黑，暗示时间之漫长。罐身印着"天下一品""野田酱油株式会社"等字样，富有浓浓的古旧气氛。

1970s ｜日本｜价格店洽｜铁、木

376 古秤　2 贯的古代磅秤

日本"TOKICO"制造的磅秤，多为商家使用，刻度细致而清楚，称面标示着"2 贯"。"贯"是日本古代的重量单位，1 贯约为3000 到 4000 克，现今仍具秤重功能。原色为亮丽的薄荷绿，大量的锈蚀显出物的原貌，指针细长，便于辨识细微的刻度。

1950s ｜日本｜价格店洽｜铁

| 374 | 375 | 376 |

377

377

378

377　古早五金店削皮刀　老而弥坚，日渐淳美

　　台湾早期五金店贩售的削皮刀，刀锋是双向式的，和现代常见的"Y"字形削皮刨刀大异其趣。长管状的双锋刀刃除了可以削皮，尖端也利于挖出水果蒂头。底部有铁环方便悬挂，木柄略呈圆润曲线，手感温暖，色泽独具美感。

　　1895 ~ 1945s｜中国台湾｜$20｜木、铁

378　蔬果秤　老英国历练秤

　　20世纪70年代的英国铜秤，生鲜店铺用于称量蔬果之用，一边为砝码放置处，另一边宽口则放置蔬果，原为白色的表面遍布褐色锈斑，历尽沧桑。

　　1970s｜英国｜$2,800｜铜

379 珐琅碗　自然显露内在铁质的简朴搪瓷碗

珐琅又称"搪瓷"，指将玻璃或陶瓷质粉末熔结在基质（如金属、玻璃或陶瓷）表面形成的外壳，将珐琅浆涂于金属制品表面，经过干燥、烧制成品。这只搪瓷碗经过人们使用，裸露出的内在铁质，质朴而简单。从前，欧洲人发现非洲某地居民易得怪病，发现起因是饮食中缺铁，于是引进搪瓷食器，天然的铁质让人们重获健康。珐琅碗目前仍流行于许多东欧人家中。

1960s｜德国｜价格店洽｜珐琅

380 贝克尔磅秤　百年老牌的周边商品

"贝克尔"公司原以肉品切片机起家。1898 年，一位荷兰屠夫贝克尔发明了一种切肉的方法，他的创新造就了全世界第一台肉品切片机，1909 年后，芝加哥开始大量生产切片机。这只磅秤是贝克尔制造的周边商品，限重 1 千克，功能正常，乳白色烤漆雅致而简约，曲线设计特殊，秤面的刻度、数字与文字皆保留完美，清晰可见。

1950s｜德国｜$25,000｜铁

381 珐琅锅　缤纷蒸鱼锅具

珐琅餐具的一大特色就是颜色清新而缤纷，两只锅具分别为水蓝色和鹅黄色，原是放在厨房蒸鱼用，有架高设计让水蒸气上升使里面的鱼清晰可见。经历几代人的使用和来往异地的风霜，表面轻微的珐琅令它更添韵味。沉甸甸的重量，触感光滑，现今东欧地区仍经常使用。

1930s｜德国｜价格店洽｜铁

379

380

381

382　印尼泥偶　浑厚可爱的素民创造力

最可爱的民间作品。由民家取自家泥土，利用做饭时炉灶的火随手烧制。一家人可有大大小小约 10 只动物，如马、狗、鸡，也有外形太随意抽象难以猜测的泥偶。因为是手工制作，每只泥偶的面貌都是独一无二。色泽略带粉红，形态圆润，每只泥偶几乎找不到一个锐角。初入手时，每只泥偶都还有些黏腻，带有印尼民家的烟火气。它们保存、蕴藏了现代社会逐渐凋零的民家生活情趣，自得其乐，善于就地取材，可以让人感受到早期印尼素民纯真的幸福。

1800s ～ 1900s｜印尼｜价格店洽｜泥

383　法国古董冰箱　电冰箱出现以前的发明

在早期没有电力的时代，贵族人士以家具设计为构思，设计出可以冷藏、储放食物的"冰箱"，其实就是一具有保温效果的木柜。虽然在 1879 年，德国工程师卡尔·冯·林德制造出了第一台家用冰箱，但直至 20 世纪 20 年代的美国，家用电冰箱才普及，此前人们利用现有的素材，结合实际运用上的问题与巧思，亲手设计出当时不存在的器具，如此的精神令人敬佩。冰箱表面的乳白色漆已部分剥落，锁头完整，可作为置物柜。

1850s｜法国｜$48,000｜木

384　中国台湾古珐琅筒　年代不减釉彩之美

台湾老杂货店的古珐琅筒，厚胎扎实，乳白色与青蓝色的珐琅釉即使经过多年的使用依旧焕发出美丽的色泽。这样大型的珐琅筒用于早期家庭，例如贮置蔬菜、水果等食材。

1895 ～ 1945s｜中国台湾｜$2,800｜铁、珐琅

385　手摇刨冰机　手摇削出夏天第一道雪

早期刨冰多是推车叫卖，刨冰机采用无动力设计，必须要用手转轮带动内部齿轮让圆盘钉片转动，于冰块上刨出细细的雪花。此款刨冰机由纯铁制造，极其沉重。最有趣的地方是图腾，日本品牌初雪刨冰机最经典的是富士山图腾，台湾早期"庆用"机械工厂生产的刨冰机还有飞机、天鹅、双鱼等图案，此款为吉祥的鱼天鹅图腾，红黄配色格外活泼。

1950s｜日本｜$11,000｜铁

386　玻璃浮球　珍珠透明美丽

看似美丽的摆件，其实是古代渔业用的浮球。日本早期渔业所用的浮球为竹或木制，约于 1910 年间小樽玻璃业兴起，开始生产制造玻璃浮球，这也成为当时的革命性商品。玻璃浮球内为中空，填满空气，外部则绑着粗草绳，防止碰撞碎裂。台湾早期也用玻璃浮球，玻璃色泽多偏水绿色，在藏家口中又有"龙珠"或"珍珠"昵称，大者比篮球大，小者一手可握，浮球谐音"福球"，有祈求幸福的意思。

1950s｜日本｜$500 ～ 800｜玻璃

382	383		385
			｜
			386
384			

385

386

老物新用途

387

387 法国工业工作桌

以前

漆成蓝色的工业工作桌。在早期工业时期，因为工具价格昂贵不易取得，所以工人在工作结束后，都会将工具放入箱中并锁上锁头以避免工具被偷。表面有铁锈，深沉而原始的铁色暴露在外，充满着浓厚的粗犷风，也有着曾重复刷涂不同颜色油漆的痕迹，值得细致观察品味。

以后

有平台、抽屉、铁网收纳箱，放进香槟，拴住酒香，在派对时托出收纳箱，倾斜的角度正好一目了然，选取适合这个夜晚的口味，从抽屉中拿出开瓶器，放一桶冰在平台上，优雅地饮酒、粗犷的酒箱，冲突的美，这将是不同凡响的一晚。

1950s │ 法国 │ $73,000 │ 铁

388

388 户外水槽冰桶

以前

　　美国中部农夫常用的户外水槽三脚架。盆底正中央有洞，可接水管。它是供人洗手的简易洗手台，也可供马饮水。

以后

　　现今成了美国派对上的活动冰桶，可盛装大量冰块搭配啤酒、可乐，室内、室外皆可上使用，也可在大型热闹的聚会使用，且外形增添了轻松、随性的气氛。

1950s ｜ 美国 ｜ $8,800 ｜ 铁

389

390

391

392

393

394

2-8 卫浴

"某种程度的昏暗与彻底的清洁，加上连蚊子的嗡鸣都听得到的静寂。"谷崎润一郎如此描绘奈良东大寺二月堂的厕所，现代人的厕所则多与卫浴相邻，释放、脱去再洗净整日的疲惫与负累，推开门又是慵懒光滑的身子，溜进微凉的夜。

389 美式浴缸

具有 70 多年历史的古老浴缸，铁灰色上头满布深浅不一的水渍，边缘也有磨亮的痕迹。

390 珐琅盒

具有沥水功能的珐琅浅盒，浅浅的紫蓝色为生活点缀了淡雅的巧思。

391 舀水勺子

浅色的木质舀水勺子，仿佛旧生活的象征。

392 沉船木制浴板

看似平凡无奇的浴板，原料来自一艘沉船，格外富有历史感。

393 蛋篮子

放置鸡蛋的小篮子，现在放着擦手的纸巾，大而化之的编织方式十分可爱。

394 猪槽洗手台

最初是一只猪槽，现改造为洗手台，石纹自然而朴质，带人回到悠闲单纯的农村生活。

经典代表

皮套摩擦痕迹

英国风

395

395
古英国旅行组
应有尽有的绅士旅行组

旅行用品皮件组，做工讲究，是早期英国绅士出门旅行常用的生活用品。有牙刷盒、梳子、大小刷子、古龙水盒、什物盒、肥皂盒。皮套上些许摩擦痕迹，重新清理及上油保养后呈现出内敛优雅的光泽。这种样式的旅行组在今日的英国依旧为绅士所爱，或者被染色为现代感十足的黑色，或者被爱好皮革伤痕者收藏。

1950s ｜ 英国 ｜ $5,200 ｜ 牛皮

396

幼童澡盆
宛如新生的珐琅澡盆

早期欧洲的婴儿澡盆多是铁件珐琅制品，铁器包覆珐琅具有防锈功能，用久但色彩依旧，保持着新生般的完好。古婴儿澡盆可分为两种，一种是为新生儿使用，通常无脚座，搭配铁架，方便站着洗涤宝宝；此款澡盆是第二种，设计有脚座与漏水口，可直接放在地上，适合给年龄稍大的幼童使用。

1950s｜欧洲｜$15,000｜铁、珐琅

397 ~ 398 手动推剪　理发古道具

日据时期推剪，是电动推剪未发明前，理发师常用的理发工具。使用时需把两边把柄往中央合拢，以类似甩动的动作推动齿状钢剪慢慢将头发推平，因操作不易掌握，理发师需具备相当的经验与技术。因长年使用，木柄外层形成了一层薄薄的油脂，富有美丽亮泽，背后则刻有厂牌名称"武富"。而左边是用来刷落下毛发用的刷子，铁接木的部分宛如花瓶一般，精巧细致。

1895 ~ 1945s｜中国台湾｜$3,800｜铁、木

399 吹风机　造型轻巧的老式吹风机

最早的吹风机是于19世纪末法国人发明的，这两只老式吹风机充满了怀古情调，塑胶的握柄一黑一白，各自有着不同的风格，风扇造型是过去吹整油头，定型专用款式，有老上海的风味；另一只则是经典子弹型吹风机，双层圆柱状，是当年最流行的吹风机样式。

1950s｜中国台湾｜$800｜铁

400 古日式澡堂置物柜　全实木制的老置物柜，简约的力量

日本昭和时期初公共澡堂中的置物柜，以前的功能是放置衣物，全杉木制成，深咖啡色原漆，带有自然的磨损痕迹，每一格皆有编号与对应的钥匙锁，锁头旁刻着"用心"二字。细看钥匙牌左上角，刻有"男"或"女"，原本应是分别放置在男女的更衣室，两座置物柜的编号恰好相同，放在店中相当醒目的位置，天然剥蚀的原漆很好看，钥匙锁设计精巧，还能正常使用，插入刻有编号的片状钥匙，锁头便自动上锁，在现代亦能当作书架、置物柜。

1960s｜日本｜价格店洽｜木、铁

397
｜
399

400

400

老物新用途

401

401 古医疗盘

以前

在医院用来放手术用具或小型医疗器具的医疗盘，古拙外观，色调冰蓝，盘底有着深浅不一的白色剥落痕迹。

以后

作为万用的小置物盘，在家中可放在浴室中，在洗澡前拿下身上配饰——手表、项链、耳环、手链，让这些饰品们暂时也有一个安心的家。

1980s ｜日本｜ $ 非卖品｜珐琅

402 ~ 405　老木盒

以前

台湾早期高级家具爱用桧木材，桧木的天然香气具有驱虫防蛀的效果，密度高、吸水速度慢，是其能完好保存至今的原因之一。岁月中损毁不堪使用的桌柜不计其数，残件如针车、书桌或衣柜的抽屉，或是中药房用来分类药材的桧木小盒等，都能善加利用。

以后

老木盒依照大小形制，可以做多元收纳，常见长形的针车抽屉大小刚好可收纳明信片，而早期中药房放在中药柜内分类药材的桧木小盒，可分为有盖、无盖两种，也可以继续在大抽内分类卫浴繁多的小物。至于较巨型的衣橱抽屉或书柜抽屉，也有的加上层板、悬挂于墙上，当成置物架使用。

1950s｜中国台湾｜$100 ~ 300｜桧木

406　足球台衣帽架

以前

原本是老足球台的其中一支操纵杆，足球员人偶头部与金属杆身有明显的脱色与斑驳。

以后

于足球台操纵杆的两端加装可固定于墙壁上的支架，便成了一只简便的衣架，足球员人偶即为造型生动的挂钩。装设衣架与墙壁的最佳距离考量为推动人偶时，人偶的脚碰触墙壁，没有摇晃多余的空间。这样人偶受重力倒向墙壁时，挂起衣服可以更稳当坚固。

年代不详｜中国台湾｜$ 非卖品｜合成木、塑胶、铁

407

408

409

　　连天烽火之中，蔚蓝苍穹底下，物件不语，陪伴我们左右，凿下时间的痕，它们与我们一样会变老，也替我们记忆个人历史，述说我们的故事。军旅、庄稼、交易与通勤……那些平凡而唯一的生活种种，经过的每一天都将是未来的考古依据。

407　英国老烫衣板

　　实木制作的旧式烫衣板，现今可作多种用途，例如摆放收银台等物，成为新颖而轻巧的柜台。

408　吊笔架

　　底座透明宛如水晶，悬吊的是一支笔，自然地垂挂形成优雅弧形，适合放在客厅、柜台或床头柜上随手使用。

409　20 世纪初法国铜制服务铃

　　声音嘹亮清晰，为法国餐厅的铜制服务铃。

410　手型夹子

　　法国餐厅过去所使用的账单夹，设计师以戴着花边手套的仕女为灵感，制作了一只金铜色手型的夹子，现可用于摆设、文件夹等。

411　法国收款机

　　木制收款机，功能如新，均匀的墨色油漆透出少许的斑驳，是让人爱不释手的一件珍品。

412

413

WILBOR

414

412 面包袋

旧时日常使用的棉麻面包袋，束口的样式如同我们今天常见的束口后背包，十分亲切，可见手工缝制的痕迹，让人感受到手工制作的温暖。

413 老水果箱

木板钉制的手工水果箱，在欧洲的乡村生活中随处可见，钉子随时间生出锈红的模样，更添它的独特韵味。

414 法国花园大门

推开水蓝色的窗格状铁门，你想象一座繁花绽放的园子就在眼前，赫红锈蚀又带来古老的时间感与现实感，中和了花团锦簇的浪漫想象。

415 法国谷仓门

十分特别的墨绿色油漆，呈大块的片状剥落，是法国过去所使用的谷仓门。

416 花瓶

一只低调暗沉的花瓶，细看其上的花纹显得雅致有型，手柄的 S 形弧度恰到好处，与墙面的色调相和谐，远看竟使人有静物油画的幻觉。

417 法国圆形窗户

大型的椭圆形窗子，只有少数几个窗格的玻璃还在，看上去毫无废弃之感，反而形成了一种不完满的独特美。

418 推车

这款推车最特别的是底下的避震弹簧，是为防止因地形颠簸产生震动而精心设计的。车轮的构成也值得注意，车轴宛如一朵均匀绽放的花，充满实用的细节。

419 日本车站灯

旧车站整建后，留下废弃的车站灯，瓷白的浅盘状灯罩，具有简单大方的美感，灯罩边缘与中央分布着红色铁锈，或点状或块状，每一盏灯都有不同的生锈状况，使得它们更加独一无二。

420

423

422

421

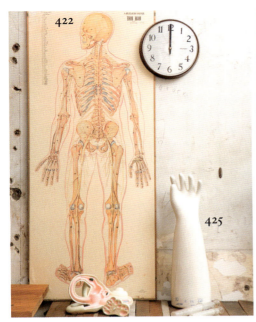

420 老交通信号灯 绝对吸睛的"停看听"

仔细观察公共道路，发现每年替换掉的街道用具有很多，那些拆除下来的旧物都到哪去了？道路属于公共建设，无论是铁道或是交通信号灯、车厢等设备都属于国有财产，报废时通常卖给大批收购的厂商回收利用，如果想买到这些特殊品，不妨循线去购买！像从专门回收交通信号灯的厂商处买来的旧交通信号灯，本身就是戏剧张力强烈的创意灯具，有着巨大尺寸不说，三色灯光变化也很强烈，装在餐厅吧台后方，任何人都会被吸引"停看听"，"停看"自然是欣赏，"听"就是听老物值得寻味的故事了。

不详｜中国台湾｜价格店洽｜金属、塑料

421 ~ 423 螺旋桨、飞机窗户和剧院投射灯 航天工业迷的最爱

长桨造型的是 1960 年美国航空器使用的螺旋桨，使用铝合金制造，属于相当罕见的老品，作为空间摆饰非常吸睛。另外，还有台湾小飞机上拆下的逃生窗，由于是飞机使用，门片相当厚实且具有双层玻璃，可改造作为住家窗户。最右边则是老金属脚架与 20 世纪 70 年代老剧场投射灯拼装成的特殊落地灯、美国学生椅，以及 20 世纪 70 年代玻璃纤维制造的老巴哥犬摆饰。

1970s｜中国台湾、美国｜价格店洽｜铁、铝合金、玻璃

424 ~ 425 人体解剖图 & 手模 耐人寻味的工医产品

老工厂与老医院流出的古老用品向来耐人寻味，除了老针筒、立体模型外，老解剖图也是许多入门者的必藏。这幅 20 世纪 30 年代的人体解剖图详细记载了经脉血管的位置，可见当时的医学技术。另外一个则是美国早期塑胶手套工业使用的模具，有别于常见手套模具使用金属或木头，为了让塑胶可以脱模，模具用陶瓷烧制，相当细致。

1940s｜中国台湾、美国｜价格店洽｜纸、陶瓷

426 "微型奥斯汀"车头 60 年代英国象征物

由英国汽车公司于 1959 年至 2000 年生产的迷你汽车，已成为了 20 世纪 60 年代英国的象征，20 世纪 80 年代"迷你"成为奥斯汀旗下品牌，因此微型奥斯汀成了朗朗上口的经典之作。通常废弃的迷你车身部分可改造为座椅，常见于美式餐厅中，而这个由美国输入的迷你车头，将废弃引擎拆除后，保留了车灯功能，展示效果强烈。许多餐厅或商店将其改装为柜台桌，相当特别。

1960s｜美国｜价格店洽｜金属

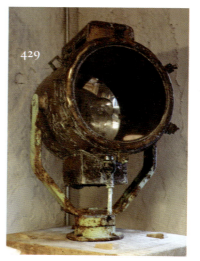

427 老药罐　完美保存的草药

　　中药行的老药罐，方形盒，以马口铁为材料，防潮、保存形成完全密闭空间，贴上大大的标签贴纸，手写上胖大海、海马干、金银花、甘草、人参、枸杞等各式中药材，不同的人写出的字体，透出时间流逝、世代轮转的氛围。而在 20 世纪 50 年代之后，中药行纷纷订制木柜，以抽屉分类药材，或是装在玻璃密封盒，马口铁老药罐便渐渐减少使用了。

　　1950s｜中国台湾｜价格店洽｜锡

428 美国马刺　古代专用的马具

　　这几件奇特的铁件，西部片迷肯定熟悉，这就是牛仔必备的"马刺"。所谓马刺是带刺的金属轮，功能类似马鞭，骑士将马刺装在靴后跟，只要夹紧双腿，马刺就会扎向马腹，而马儿受到刺激就可加速奔跑。马刺的安装方法是将固定刺轮的"U"形环装在靴后，环上穿以皮带固定。

　　不详｜美国｜\$3,500｜金属、皮革

429 古英国轮船灯　照亮黑夜的海上明灯

　　20 世纪 50 年代的铜制英国轮船探照灯，用于远距离照明与搜索，是大型的船用灯具。将脚架锁于船体，内部为高瓦数强大灯泡与集中投射光线的凹面镜，现今仍可使用。因海上风浪、盐分侵蚀，铜制外壳已历尽沧桑，处处是斑驳生锈的痕迹。现今它已不再照耀黑夜的海，而是陈列于室内，也是很有气氛的老件。

　　1950s｜英国｜\$60,000｜铜

430 古法国飞机客舱座椅　人体工学与金属科技的结合

　　20 世纪 70 年代法国的客机座椅，去除外层沙发布面，露出座椅内部的金属骨架。应飞航减轻重量的需求，选用镁铝合金的轻材质，具备和钢相同的强度和硬度，却又轻盈如塑胶。应旅客长时间的乘坐舒适需求，客舱座椅设计也根据人体工学，从头枕乃至略顺着背脊弯曲的椅背弧形设计，椅背与椅面交界处也顺着人体的尾椎线条设计，略略向后拓展，是具金属冷调科技感与人性体贴考量的特殊椅件。

　　1970s｜法国｜\$36,000｜镁铝合金

	428
427	429
	430

431

431　古德军牛油罐　德军常备小物，耐用洗练如昔

早期德国军队统一使用的牛油罐，轻便的银白铝制外壳，上盖烙有老鹰展翅的图案，底座有出厂编号。内部则使用珐琅材质。现在可以装果酱，也可装零钱、小物。

1960s｜德国｜$680｜铝、珐琅

432　紧急出口灯　公共场所必备的疏散标志，老式材质散发厚重风味

20 世纪 30 年代美国公共场所使用的紧急出口灯，方盒、绿色英文字的形式十分简洁，材质为扎实的铁件与玻璃，颇有重量。现今 LED 出口灯分量则轻薄得多，并多了指示奔跑方向的小绿人，塑料与 LED 技术至少是 20 世纪 70 年代后才渐渐普及的。

1930s｜美国｜$4,800｜铁、玻璃

433　太空火箭箱　尘封已久的航天科技历史

自 1957 年底前苏联第一颗人造卫星升空后，美国与苏联竞相投入大量资金、人力研发人造卫星、航天飞机、登陆月球等航天科技，开启一场将近 20 年的军事与高科技的角力，也就是所谓的太空时代。这只 20 世纪 60 年代盛装部分火箭组件的铁箱，因盛装贵重的尖端科用品，所以外壳选用能防撞、分量非常厚实的铁材，内装也有一层防撞束带。箱体上标有"美国空军"的旧标签，推测可能是美国空军所有物，其见证了一段隐秘的历史。

1960s｜美国｜$14,800｜铁

431

432　434
433

434　美国星条旗　美国风情最经典图标

美国国旗老件，摊展开来总长约 3 米，星星是用细针慢慢绣出，富有针织细节，与现今大量印刷再贴上国旗的做法有所差异。若国旗上绣的是 48 颗星，则表示是 1950 年以前，阿拉斯加与夏威夷尚未建州的 48 州旧规制，那就是更有历史意义的必收老件了。

1970s｜美国｜$6,800｜棉

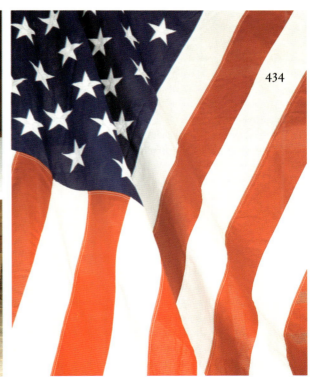

434

438

435

436

437

435　古杂货店展示箱　零食与糖果的家

"L"型的杂货店展示箱，店主可以从上方的开口补货，客人选好了商品也能自己从底下的开口取物，从前多放各种零食、糖果、点心等杂货，传递美好的旧日风情。

1950s｜日本｜价格店洽｜铁

436　古缝纫工作台　万用厚质木板

厚实的原木制板子，黝深的褐色，是女工缝纫的工作台，皮壳质地光润细腻，恰好地展现了时光的过往。尺寸较长，一次可供 2～3 人使用，缝纫者辛劳的身影依稀，如今可改制成桌子或长椅使用。

1940s｜日本｜价格店洽｜木

437　古丸型模具　水蓝色窗景

丸型，日文中的"圆形"，旧时工厂使用的铁制模具，斑驳铁锈上依稀可见水蓝色的烤漆，可用作挂饰、摆饰，或者镶上玻璃，成为一扇风味特殊的铁窗。

1980s｜日本｜价格店洽｜铁

438　老瑞士军用包　率性粗犷，耐看实用的行军背包

瑞士人当兵配给的行军背包，麻制大容量束口袋，夹层颇多，土黄暗绿色调散发着低调率性之美。背带选用相当坚韧的牛皮，可以自由调整长度甚至全数拆解。背带与袋身皆烙有编号，每一只都不同。一般只有在瑞士本国当兵，军方才会一人配给一只，无论是使用对象还是制造数量都有相当强的针对性，所以是相对难得的军用老件。

1970s｜瑞士｜$1,600｜麻、牛皮

439～441　日本古籍＆防毒面具＆弹药箱　老聚落拾荒的发现物

在废弃闲置老屋捡拾到的古籍，是日据时代的出版品，大多是有关医学、地理、工程等专门知识，早期印刷字的日文汉字设计相当有味，当成摆饰也很好看。箱类也是高实用的老品，可用来收纳，也可以当成客厅茶几。家庭常用的大型箱类主要是衣箱，大多使用实木打造，配上铜制锁片，依照所属人家财力地位，会有木料、生漆或绘彩不同。这只厚实的箱体并非民间用品，而是空军使用的弹药箱。早年生活辛苦，住民发挥废物利用精神将淘汰军用品改造成家用品的情况十分常见。早期的防毒面具以帆布橡胶材质，约是美国或苏联的产品。

（439）1895～1945｜日本｜价格店洽｜纸
（440～441）年代不详｜日、美、苏联｜$2,500｜木、铁、帆布、塑胶

442　老药瓶　老西药局遗落的珍珠

早期塑胶为科技材料，价格相当昂贵，当时西药房所贩售的药品多使用玻璃罐装，通常越是小巧，越是难寻。较为罕见的是扁平的绿色葫芦瓶与小圆瓶，另两只上有立体字为胃肠药若元锭（WAKAMOTO）的早期药瓶。老药瓶瓶盖多使用软木塞，不少玻璃染成褐色、翡翠绿、水蓝色等，作用是装不可日光照射的特殊药剂。

1950s～1980s｜中国台湾｜价格店洽｜玻璃

443　老医疗器材　从道具反映时代科技

老医疗器材用具是相当特别的收藏品，大至手术台、小至开刀用具等，某些专门藏家的品项巨细靡遗，简直可重现一家小规模的医院。早期医疗水平不如现代发达，从器材使用便了解当时的技术，有手术刀（大纸盒装）、穿刺针（小纸盒装），另外如小皮包的器材为老军医使用的仪器，实际用途不明。

年代不详｜中国台湾｜价格店洽｜玻璃、皮革、金属

435	438	439
		｜
436		441
437		442
		｜
		443

440

439

441

442

443

444 法国古董医院秤　医疗仪器的经典秤

最早为 20 世纪初法国医院使用的秤，供病患量体重用，出自法国品牌，专研医疗用精工测量仪器、磅秤等。细看其细节，仍依稀可辨识黄铜标尺上的刻度，铸铁的整体造型十分简约。

1900s｜法国｜$65,000｜铁铸、黄铜

445 法国矿坑推车边桌　矿坑中的大方边桌

法国矿工们在 1850 年代矿坑里工作时，所使用的推车工具，特别的是，历经 160 多年，下方铸铁的轮子依然保留完整，整体风格既带有一点粗犷、沉重，同时也有精简、大方的气息。

1850s｜法国｜$ 非卖品｜铁与铸铁

446 法国主教座祷告椅　歌德复兴式的模样

来自法国一间天主教堂的祷告椅，橡木雕花与黄铜精细线条的特征，带有歌德复兴式的风格。歌德复兴式的建筑风格始于 1740 年代的英格兰。19 世纪初，当时的主流是新古典式建筑，崇尚歌德式建筑风格的设计师们，尝试复兴歌德式的建筑风格，这张祷告椅便是当代复兴风潮的产物之一，橡木的色泽饱满，作为艺术欣赏也富有价值。

1880s｜法国｜$45,000｜木头、黄铜

447 法国蒸汽火车头灯　跨时代的铁轨与蒸汽火车

早期蒸汽火车头的车头灯，最初需以煤油点火使用，经过重新整理、改造后，现在可以换上我们喜爱的灯泡来做地灯使用。在 1814 年，英国人史蒂文生发明蒸汽火车，取代以往的兽力运输，更以铁路带领世界进入了下一个跨时代的阶段。这对蒸汽火车头灯，纯粹作为摆设或实际运用的灯具，皆为风格独特的老物翻新。

1930s｜法国｜$48,000｜铁

448 死亡致敬文凭国土战争　纪念卫国勇士之死

这个历史的见证是来自第一次世界大战中，法国军人因保卫国家而在战争中死亡。这是政府开立的死亡证明书，其上清楚可见当时的总统和下届总统的亲笔签名。

1918｜法国｜$ 非卖品｜纸

444	
445	448
446	
447	

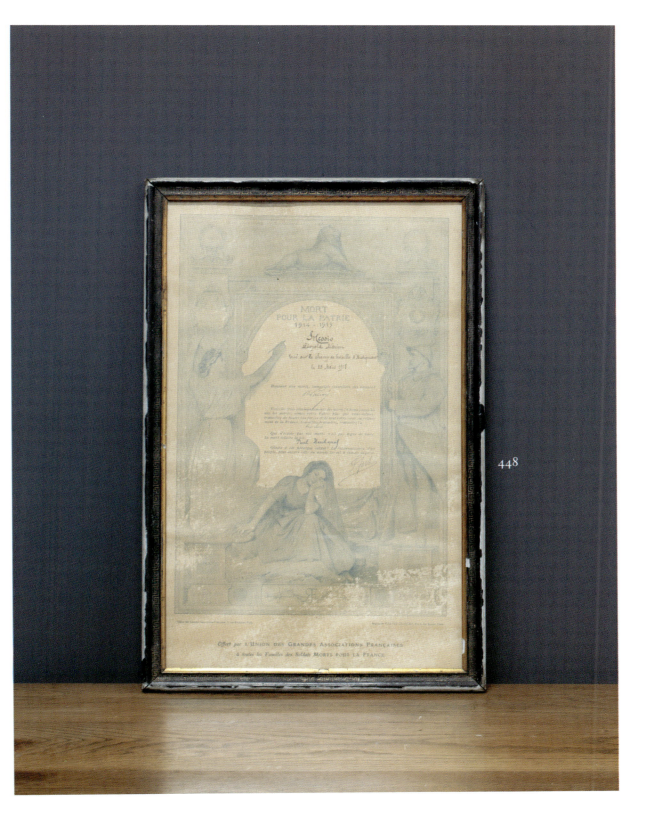

448

449

450

—

451 | 452

449 日本 8 厘米胶卷单枪放映机　怀旧电影

有人说 20 世纪 50 年代是台湾的"前电视时代",广播、电影院才是当时人们的娱乐重心,人们带着椅凳看野台电影,是当时流行的户外娱乐活动。8 厘米是最早的电影胶卷宽度,这台放映机仿佛完整地保留着当时人们休闲交谊的记忆。

1960s ｜ 日本 ｜ $3,500 ｜ 塑料

450 彩色龙珠灯　在舞厅通宵达旦的五彩炫光

20 世纪 50 年代后,台湾从萎缩衰退的农业社会起步,进口替代与民生工业让人们逐渐拥有了富庶的生活,青年男女乐于参与社交活动,在自由开放的氛围下,舞厅纷纷成立。这组纯手工吹制的龙珠灯原本是完整的五色一组,色泽皆饱和艳丽,明度高,早期在舞厅人影绰约中,是跃动的五彩幻灯,为年轻人带来不眠的绮丽夜晚。表面整齐排列的菱形凸起,宛如龙鳞,是玻璃师傅细心吹整的杰作,高温烧出的晶莹的玻璃质地,让这组龙珠灯拥有经年不朽的美丽。

1950s ｜ 中国台湾 ｜ $5,000 ｜ 玻璃

451 法国街道路灯　式微款式的新生命

法国 20 世纪 40 年代的街道路灯,为铸铁制造,后来法国政府因安全考虑,更换为了较安全材质的灯具,铸铁的街灯渐渐被淘汰。如今,经过法国古董商的改造,它已可当地灯来使用,延续了物品的生命价值。

1940s ｜ 法国 ｜ $58,000 ｜ 铸铁

452 法国汽车的煤油车头灯　名牌灯与名牌车的华美结合

1830 年制造的豪奢风格的马车煤油灯,直到 1900 年汽车逐渐开始普及,制造商依然精工于豪华的煤油灯具,为知名的汽车品牌所配置使用。从这只煤油车头灯上,可窥见其秉持的工艺精神,同时可窥见铜的金黄色泽与流畅外形线条所展现的富裕美感。

1910s ｜ 法国 ｜ $32,000 ｜ 铜与铁

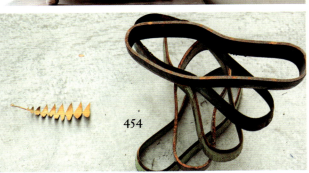

453 桧木展示柜　袖珍玻璃柜内的小物风景

早期日常用的家具柜体较大，但这座没有门片设计的开放玻璃柜却十分小巧，属老柜中难得的娇小款式。早期玻璃较为昂贵，像这样三面、四面，甚至五面的开光柜通常是店铺所用，功能是展示商品。此柜造型十分细致，边框采用桧木条镶嵌玻璃，主要作用是放在桌上当成展示柜使用，通常是店铺用来陈列高架商品，例如烟酒等，放在柜台桌上可以就近看顾。

年代不详 | 中国台湾 | $8,500 | 桧木、玻璃

454 制鞋模　形状特殊的工业刀具

中国台湾地区早期是代工王国，纺织业、鞋业曾经盛极一时，后来因为产业外移，工厂大多迁徙至海外，从废弃厂房流出的老生产设备多是厚实铁件铸造，独有一番粗犷迷人的工业味。这是早期制鞋厂使用的特殊刀具，一面具有刀刃设计，可在皮革或橡胶上压出鞋底，可分为左右脚与大小尺寸，除陈列装置，用来组合多肉植物也相当有趣，但作为摆饰也相当有味道。

1980s | 中国台湾 | $350 | 铁

455 古杂货店零钱盒　精密可爱的小巧思

这只铁制的小盒子是杂货店用的零钱盒，分为500、100、10的日元币值，又极富巧思和实用性的设有20、30日元的格子，按下按键，一次可以直接弹出2枚或3枚10元硬币。清新的鹅黄和水蓝烤漆，是当时时代特有的风貌，一样用途简单的日常器物，在小细节处，往往可以看见其可爱的设计构想。

1930s | 日本 | 价格店洽 | 铁

456 纯黄铜制船用冰桶　跑船生活的良伴

跑船人在船上用的冰桶，纯黄铜制作，具有良好保温效果，内部为铝制的锅子，加入冰块，可冰镇饮料或酒类，桶缘两侧的旋转栓可上锁，锁头十分牢固。光滑的金属表面折射出光线，沉甸甸的重量诉说着纯良的材质，仿佛也带出跑船生活的艰辛与几分旷达。

1980s | 中国台湾 | $6,000 | 黄铜

457   458
———————
        459

457　龙虾篓　造型优雅的渔民必备工具

充满生活气息，制作手续细腻的老件。竹编，色泽偏黑，乍看之下有点像鸟笼。下部中空，内网呈三角形突起，龙虾游入后只能向篓内游，进而卡死难以脱困。拿取龙虾时，需将整个下半部拆卸开来，神秘的黑色与致密优雅的线条充满美感。

1800s ～ 1900s｜印尼｜价格店洽｜竹

458　三峡旧戏院座椅　走入历史的三峡旧戏院，木椅见证往日影剧辉光

除了老一辈台湾人，大概鲜少有人记得早已熄灯的三峡旧戏院了。这组木椅就是从歇业的戏院带回的木椅，三张相连成一组，椅板中央为略呈凹弧的小圆盘，既是造型，坐起来也更舒适，也可轻巧掀起，方便整理。有趣的是这组木椅保养时碰上的难题并非老旧木器的维修问题，而是椅板下方一团团沾黏的陈年口香糖，仿佛还能清楚感受到早期台湾人看电影的习惯，是凝聚了台湾人亲切回忆的生活感老件。

年代不详｜中国台湾｜$9,000｜木

459　爪哇咖啡篓　咖啡大国，始于一篓

印尼是亚洲第一大的咖啡产国，栽种范围遍及苏拉维西、爪哇、苏门答腊等地区，印尼多种咖啡也以醇厚、低酸而闻名。咖啡篓是当地人采集、搬运咖啡豆的重要工具，装满咖啡豆后，将篓子背在身后方便活动。篓体本身是竹编的，上宽下窄，上缘则是厚实的木条。明暗深浅不一的棕褐色自然形成波纹般的视觉效果。这款咖啡篓保存完好，木条上端有些裂孔。

1800s ～ 1900s｜印尼｜价格店洽｜竹

460 | 462

461

460 爪哇木鸟　农忙季节的生活情调

　　早期爪哇农人将割草用的镰刀加以彩绘装饰而成的木鸟，鸟头有红、黄两色，尖端漆成黑色模拟鸟喙，鸟身、鸟尾则是镰刀本身造型，自然蜿蜒，有种优美灵活的动感，另在木鸟下方加装绿色支架，以方便摆设。也因每只木鸟都是以不同镰刀手工制成，所以木鸟神态也各有风姿。因年代久远，刀锋早已锈钝，不会伤人。整体造型朴拙，富有农村生活悠闲的天趣，也可借木鸟揣想爪哇农人自然流露的美感与享受生活的态度。

　　1800s ～ 1900s │印尼│价格店洽│木

461 印尼鱼篓　　充满岁月手泽的斑驳之美

　　这只鱼篓来自印尼，苏拉威西的首府，为渔民常用的实用小物。貌似竹编，其实是用一整块木头凿空后再上漆，附有圆盖，造型浑厚朴拙。捉到鱼后，将鱼放于篓内提回去。"达开想乐"店内收藏了一大一小两只鱼篓，小的是青蓝色，大的是白色，因岁月长久、漆料褪色黯淡、满布手渍与烟燻等使用痕迹，也是一款充满人群生活感、沧桑感的老件。有时拿来插花，也曾想将鱼篓倒挂，加装灯泡改作为灯罩，但鱼篓本身就很有韵味，值得细细品赏，所以最终还是让它维持了本来的面貌。

　　1800s ～ 1900s │印尼│价格店洽│木

462 英国老式露天剧院椅　户外演出剧院木椅，质地工法细腻，洋溢高雅大方质感

　　来自英国的露天剧院座椅，每当有户外艺术、戏剧等表演时，主办单位便会搬出这些座椅供观众使用。高级印度柚木反映出当时英国殖民印度的历史，榫接工法，不费一钉一胶，十款座椅皆各有风姿，也会选用不同木种另做镶饰。有人说这种剧院椅很像中式太师椅，不过此款剧院椅较矮，椅座相对较窄，柚木色调也较为暖亮。

　　1940s │英国│＄面议│柚木

463　古爪哇木鼓　朴拙斑驳恣意

修长的木鼓上有多层漆料，光润且做工细腻，原本是在祭典、交际、闲暇自娱的各式场合演奏。因年代久远，漆料自然剥落而形塑斑驳美感。拆下鼓皮作为花瓶使用，相较于瓷花瓶的精致优雅，木鼓花瓶有种野性与朴拙兼具的随意美感。木料质地，也能融入各式风格的室内设计中。

1800s ～ 1900s ｜印尼｜价格店洽｜木

464　古日本渔船壁柜　从海上来的柜子

日本渔船壁柜，柜上有凿孔，方便以锁链紧钉于船体加以固定。渔船退役后，壁柜拆下锁链后仍保存完好，且本身质材选用良好桧木，色泽与耐用度也佳。稍加整理，加装玻璃即成为玻璃柜，便是很好的展示柜，原本的壁孔则成为其特色，不必费心设计便是展示老件、特色工艺与标本的珍奇橱窗。

年代不详｜日本｜$9,000｜桧木

465　古爪哇柚木柱　敦厚优美的手工木艺

由整支柚木一体成形手工雕琢而成的四方形柱脚台座，相当厚实，有相当漂亮的棱面与弧线。一只以四方形为主，棱面较多，另一只底座则呈圆滑弧面，原出自的殿宇建筑已不可考。是过去的印尼人以手工雕刻屋中的四根主要支柱，手工创造出的不对称的差异，每面纹理都不同。

1800s ～ 1900s ｜印尼｜价格店洽｜木

463

————

464　　　465

464

465

466

467

468

466 古船模　各式各样法国老船模，展现轮船真实生活感

法国早期大型轮船上的木制船模，由技师手工打造，用以制造船上所需的各式实用机具。每一组模具分为 A、B 模，从外形可知成品的大致轮廓，将模具成对合拢，便可灌模制造出所需的铸铁机具。这些船模有简单彩色喷漆与方便悬挂拿取的铁皮挂钩，因是实用用途，并无过多装饰，而是充满使用时的编号、标记，也可看出不同时期造成的碰撞、修补等斑驳痕迹，是很有过去海上生活痕迹的物件。虽然因铸铁器具太重，现在这些模块已不合时用，但将形制各异的船模并列挂在墙上，就成了别有率性风味与历史的壁饰。

年代不详｜法国｜$9,800｜木

467 古法国工业手模　黑色手模，冷敛实用的调性

20 世纪 70 年代制作工业手套时使用的塑胶手模，战后因石化产业技术勃兴，塑胶因廉价易于量产，逐渐成为工业用品的主流材料。这款手模在现代广泛用于展示手套、戒指、手环等饰品，成了一种怀旧老件。

1960s｜法国｜$4,000｜塑胶

468 古法国工安海报　简洁幽默的生活视觉艺术

法国早期工厂张贴的海报，提醒员工、路人注意安全。图中是两幅海报，一幅提醒注意工作时铁钉穿刺伤，一幅提醒小心摔落地洞。画面鲜明，洋溢幽默漫画式的大众艺术趣味。令人惊叹即使是工安倡导这样事务性的信息，法国人也能从容赋予浓厚的艺术逸趣。

1960s ~ 1970s｜法国｜$4,800 ~ 5,800｜纸

466	467
468	

469　古德军折叠面包箱　轻便利于大量运输的军队用品

　　德国军队使用的铝箱，用以装填长条状的法国面包。上盖有皮革扣带，轻巧的铝制箱体可收纳折叠为 9 厘米的薄板，利于军队大量快速搬运。每批铝箱型号不同，也方便军队分批管理。此款型号为 SA-78。

1973s｜德国｜$15,000 起｜铝

470　古德国"安克尔"收款机　简洁内敛，实务取向的收款机

　　20 世纪 10 年代的德国安克尔收款机，币制是当年使用的德国马克。银灰色调，鳞片状设计简练素净，搭配厚实的木制抽屉底座。款式古典，然而银灰色调与简单的机身设计，则又蕴含几分重视机能、简单内敛的现代风格。机身下半部刻有 Anker 公司名，背面则有清楚的安克尔船锚公司图标。一般来说，安克尔古董收款机款式都较为雅洁，多为商务办公使用，没有太多不必要的装饰，不同色彩的数字钮即为醒目点缀。但是 "National" 公司制造的收款机则偏好白金、铜红色调，雕镂刻花，较为金碧辉煌。

1910s｜德国｜$100,000 起｜铜

471　欧美车牌组　欧美各国老车牌，自述过往身世

　　从欧美汽车上拆下的多款车牌，可知车号、发牌国家、城市，是很有风味的老件。欧洲汽车管制法规规定，汽车报废后，车主不可私自带回车牌，故车牌数量较为稀少。

年代不详｜欧洲、美国｜欧洲车牌 $800～900、美国车牌 $380｜铁

469　｜470　｜471

469

470

471

472 婴儿秤　捧起生命的重量

秤盘呈椭圆形且具有深度，或许是台湾制造，也或许是直接从美国输入的也不一定。此秤通体采用铁造而成，出现在医院，最主要的作用是"婴儿秤"，通常是为助产士所有。

1951 ~ 1965s｜图别不详｜价格店洽｜铁

473 足袋鞋模　日本老店古器具

这些形式特殊的鞋模出自日本，是用来制作"足袋"的必备工具。日语"足袋"从字面上不难猜测，指的是与脚有关的器物，想必非袜即鞋；其真正的意思为传统袜子"二趾鞋袜"，是拇趾与其余四趾分开呈"丫"形的袜子，设计用意是为了穿木屐时可以让脚趾卡住上面的绳系。这些足袋鞋模约有 40 ~ 50 年历史，每只上头都有不同的记号，估计是商号标识。

1926 ~ 1989s｜日本｜一对 $1,500、单只 $800｜榉木

474 全瓷水槽　牙医诊所专用道具

日据时代牙医诊所使用的洗台，通常附设在诊疗台旁边，让病患漱口后将水吐掉用。这只洗台为全瓷制造，因为年代悠久，表面的釉料出现了密布的冰裂纹。另外，洗台下方用来固定的三脚金属架，为茶道常见的道具，称作"五德"。五德是放置在烧水茶釜内，可将铁壶架高在木炭上，翻译为日常使用的炉具，功用类似瓦斯炉架。

1895 ~ 1945s｜中国台湾｜价格店洽｜瓷

475

476

477

478

479

475 "可口可乐"外围　经典红白

1886 年"可口可乐"诞生，红底反白的缎带字体深深烙印在人们脑海中，除了罐内的清凉解渴的饮料外，印有可口可乐经典商标的外围商品也跟着流行。有些具装饰效果，有些则可变化新用，早期深受美式餐厅喜爱，现也有不少藏家用来布置居家。20 世纪 50 年代的可口可乐铁制招牌或早期可乐贩卖机的盖子，有的是珐琅涂层，有的是漆料，强烈的红白色料因锈蚀呈现斑驳美感，常被当成墙挂饰品。可口可乐的产品相当多元，也曾出品整座铁制的冰桶，被不少藏家拿去露营使用，也可当成另类茶几；除了外围商品，诸如运送瓶装可口可乐所用的木箱也深受欢迎，早期箱体外镶铁条，原意是为了保护箱子，却意外增添了粗犷的工业味，当成小物收纳盒或挂于墙壁上展示小品收藏都很不错。

1950s ｜美国｜价格店洽｜铁、木

476 看诊椅　医生馆的权威席

台湾老椅子中的"看诊椅"，可说是辨识度相当高的品相。"看诊椅"又称医生椅，为医院专用的家具。医生椅通常是座面宽、具椅背的旋转椅，高级些则有把手设计，或者在座面加上弹簧垫、绷上皮料或布料等，增加舒适度，让医生可以久坐不疲劳。

1970s ｜中国台湾｜价格店洽｜柳安木、人造皮

477 病患椅　求诊问病请上座

和医生椅相对的，则是病患椅。通常病患椅的椅座也是可旋转的设计，但形制与医生椅有些不同。医生椅讲求久坐舒适，通常会有椅背或扶手等设计，但病患椅为了方便医师听诊，椅款基本如同一把可旋转的凳子。讲究点的病患椅会加上弹簧软垫，增加舒适性。

1970s ｜台湾｜价格店洽｜柳安木、人造皮

478 古董台车　个性十足的移动板车

这台老车已有百年以上的历史，约为 20 世纪初 10 年代的产品。美国早期使用的台车可分木轮与金属木板台车两种，此款后者使用铸铁车轮与框架，台面用实木条钉制。在文献上，此类型台车有用于铁轨搬运行李用的，但实际则待考。金属木板台车有各种不同款式，如六轮款（较少见）、四轮款（较常见），由于台车的大小与高度相当适合做成茶几，只要铺上玻璃板保护老木料，就可以使用，上带轮设计，尽管厚重，移动搬运也不成问题。

1910s ｜美国｜价格店洽｜铸铁、实木

479 古法式收款机　简练练怀旧，洋溢操作乐趣的古董收款机

每一个开店做生意的人，都需要一台耐用方便的收款机，没有太多雕饰，弧面优雅，浸润多年岁月的木质纹理与底座的剥蚀斑纹仍散发着一种典雅的美。操作中央数字杆即可计入数字，拉动最后认杆会"叮叮"作响。下方抽屉，可储放钱钞。

1940s ｜法国｜$ 非卖品｜木

480 签诗柜　向神问病的庙宇文化

庙宇是探索台湾居民生活的重要场所，庙宇不仅是信仰中心，在古代也扮演了医疗中心。早期台湾较具规模的寺庙附设药所为信众治病，人们掷筊求签向神问诊，依照签号对照寻药方。因此，庙宇的签诗可分"运签"与"药签"两种。这只古董签诗柜属"药签柜"，形制精巧，屉头扁平，以黑墨写上编号，屉内分隔存放纸签，签诗即为简易药签，信众可依照处方抓药回家服用。

1960s ｜中国台湾｜$35,000｜桧木

480

专栏

—2—
古物时代

以下就几种常见的、辨识性强的地域性特色做的介绍，
无论是杂货、家具或者电器皆有年代及国家、地区大致风格的走向，当然也会因不同类型，
如椅子、沙发、灯具、杯盘等项目而有所不同，
到了后期更会因为国际交流频繁而有互相影响的作用，没有绝对性。

采访整理：La Vie

受访者：BRUNSWICK ANTIQUES 一傅龙华 & Ben / Homework — Marko / impresstyle 一威利 / iwadaobao — Joanne & Fabien / LUMINANT—VI Studio 一约翰 / SWALLOW 燕子一吴建兴 / Vintage&Deco — Staice & Daniel & Lucia / 古道具 Delicate — Jin / 找到魔椅 Mooi Trouvé 一简铭甫 / 达开想乐 DECO COLLECT — Sophia / Modpoly 摩登波丽— Danny

·法国

有优雅讲究的一面，但更突出的是破旧的趣味，就是不为任何实用与目的性的好看，也很难归类或说明到底是哪种流派美感。整体充满细节，色调为金色，风格柔和优雅，女性化的美丽，繁复精巧的花样纹饰也是常见特征。常用质地坚硬耐用的栗木、橡木与核桃木等本地木材为主要结构，珍贵的核花心木则多用在路易十六时的装饰性家具上，来自中南美洲的紫心木、缎木和黑檀木也是其珍稀素材，本身就能散发独特的色泽与光彩，用于镶嵌细工，也有丰富的铁件元素，并能将其质感表现得柔软。

·德国

形状方正，展现了粗犷的阳刚风格，质地坚固而耐用，简约中透露着沉稳平衡的美感，可以说是欧洲的日本，实用性强且每个制作细节都很严谨，属于传承永恒型的制作。风格严谨、手法精准，并强调有机自然，原木经刷纹处理后增加了自然的原始触感，也结合了不锈钢等不同材质。电器知名品牌则如德国"德律风根"等其他太空时代的产物，良好的质量使德国的器物到现在依然能够好好保存。

·美国

被收藏物件以沙发、唱盘、电风扇、音响、留声机、玻璃餐具为主，又以知名品牌原厂标志为多数，如美国"奇异 G.E."电风扇、设计大师夫妻"艾马士"经典椅、"胜利"留声机、"梅森"罐……而这些品牌有些到现在依然存在，透过商标的变化或是依原厂纪录即可推估年代。或是富历史价值，如早期美国 48 州的国旗或地图，能呈现现代国家变动前的状况，都是美国收藏的特色。

·日本

日本器物大多朴素，明度和彩度低，以漆器为例，黑色、茶色、红色为多数，由数层幽暗的颜色堆栈而成，佐一盏黄灯便是美。相较西方的设计光彩夺目，东方产品无论在色泽、质感还是光线上，都呈现出古拙、舒缓、昏黄，日本作家谷崎润一郎在《阴翳礼赞》就曾说日本人钟爱这种"阴翳美学"，沉郁中透出微光，从神秘与寂静中发现美，并反映在他们器物的设计上。

一、明治时期（1868 年 ~ 1912 年）

推动明治维新，亦展开了一系列西化运动，此时西方的物品进入日本境内，带来了物质方面的革新，如手风琴等西洋乐器。但因世袭制，工艺传承，不论是木工、金工、陶艺等传统技术仍被保留下来，而有很多手工艺精湛的器物。

二、大正时期（1912 年 ~ 1926 年）

日本明治维新后的短短的 15 年，历经甲午战争、日俄战争，成为战胜国。又因与英国是同盟国，受英国政府之托，参与第一次世界大战，因而经济繁荣、物质成长、思想蓬勃，正逢欧美新艺术时期，新艺术时期华丽繁复的设计与追求简约、禅味的风格交会，传统尚未退去，但西方的观念已深深植入日本人的心中，遂被后人冠之以"大正浪漫"，器物上东西方的特色并存，历时虽短，却造成了当时人们生活上很大的改变。

三、昭和时期（1926 年 ~ 1989 年）

跨越 64 年，剧烈动荡的年代，可细分为前、中、后三期，当中经历二战、战后经济复兴期及随后的泡沫经济。1954 年"神武景气"开始，以制造业为核心，此时日本大量生产汽车、电视等产品，器物色彩缤纷。而在日文中，杂货店的汉字写作"驮菓子屋"，20 世纪 80 年代前在日本相当普遍，在便利商店与自动贩卖机尚未出现的时代，是人们购买生活用品的主要场所。饮料、各式零食也很受孩子们欢迎，因此附有透明窗的零食柜、杂货柜是此时常见的物件。

·中国台湾

一、日据时期（1895 年~ 1945 年）

台湾家具的特色，为闽南式系统、日式、西洋式风格并存、互融，再加上大规模开采高山森林，家具原料多为桧木、肩柏等。生产技术上运用贴木、碹木（木工车枳），镶嵌玻璃和胶合剂，铁钉也大量使用，色调以黑色居多。家具表面的图纹装饰也趋于洋化，雕刻技法上，常见日式"井波雕"和俗称"沙地"的浅浮雕。

闽南式：富图腾，多半有祝愿吉祥的意味。

日式：多日本民生用品，因在日本为和室惯用家具，到台湾后即便式样相同，也会增加高度。

西洋式：巴洛克风格，装饰元素较强。

二、1945 年~ 1960 年

全球工业化影响，木制家具的制作技法以简单为导向，传统烦琐耗时的技术如榫卯、雕刻、镶嵌、绘画等，也渐渐消失或被机器取代，"规格化的单一形式"为此时期的特色。原木已不易取得，因此"合板"成为主流，胶合与贴木技术也逐渐发达。快速方便的自动化机器出现，也使家具生产量大增，传统家具的制作技法日渐消逝。

三、20 世纪 60 年代

以电话为例，因为通讯尚不发达，如今家家户户必备的"电话"在当时是火红的新兴电器，常见款式为旋钮、拨盘式电话，现代普遍使用的按键式电话是 1963 年美国正式开通的，1968 年才发明出"#"号和"*"号键，开创了语音通讯的新时代。

四、20 世纪 70 年代

过去台湾流行时趋较国际市场慢，20 世纪 70 年代流行元素约是欧美 50 至 60 年代的风尚，整体而言，混合了普普风、太空风与北欧风。

普普风：几何图形、色块重复、色彩线条、颜色鲜艳抢眼、塑胶制。

太空风：一体成型塑胶、玻璃纤维、子弹型、航天飞机型、航天员头盔型等。

北欧风：线条柔和、原木、简约大方、简洁而贴近自然、无过多装饰。

太空时代

1969 年人类第一次登上月球，1970 年代全球设计掀起了一股太空风潮，被称为"太空时代"，器物的材质为塑胶，因为当时塑料是一种新兴产物，由此开始被大量生产；造型以圆弧状为主，色彩饱和鲜艳。这股太空风因为国际频繁的交流，影响了整个世界的器物，经典代表包括蛋型电风扇、真空管收音机、黑胶唱盘、玻璃纤维椅等太空造型。

时代推估

有品牌的物件可以追溯确切的年代和国家，通常大厂都会有清楚的产品标志，可以对照型号甚至写信向原厂确认询问，沙发、瓷器、橱柜皆如此。而其他一些古典的物品则较困难，通常会去寻找过去画作、相片中相似造型的器物去做生产时代和国籍推估。

20 世纪 80 年代

20 世纪 80 年代后，因为大量生产制造的关系，物品的制作多由机器取代手工，很多细节的设计渐渐被省略，工艺的技术传承也开始没落，而在用料方面倾向于轻薄和便宜，因此 20 世纪 80 年代之后出产的物件，收藏者普遍不多。

辨别老件的方法

仿造留声机的特别多，中国大陆地区、越南 20 世纪 60 年代就有仿冒品，至今过了几十年也成了老货。善用信息发达的网络，了解每一时期的器械特色、品牌标志、公司产品型号信息等，就有了基本概念。比如美国"奇异"的 G.E 标志，仿冒时会刻意做成 S.E，乍看之下相似但实则为了规避仿冒惩罚。

材质上最显著的差异如下：

·螺丝早期是一字，且多为铜制；现今是十字，材质不一定。

·开关早期是线圈启动，现今是电子。

·早期材料实在，多为纯铜、纯铁、橡木等高级耐用的物材，仿冒品则必须节省成本，从重量与成色可以清楚辨别。

第三章
古道具旅行

德国柏林
小而美的精致二手货市集

围墙公园跳蚤市集
洋溢年轻活力的柏林地标

森伯里古董市场
设计师口耳相传的伦敦古董市集

大江户古董市集
混血古物市集　新旧世代齐聚

富冈八幡宫古董市集
围绕神社的日本传统古董市集

圣图恩跳蚤市场
欧洲最大的古董市集

德国柏林

小而美的
精致二手物市集

找到魔椅 _ 简铭甫

　　位于柏林的附近，有许多品味独特的年轻人，整个市集是被板栗树与露天咖啡座包围的正方形，在这里能找到 20 世纪 70 年代的家具、小型古董和风格特殊的服饰，多针线木盘、铁盒和锅碗等容器。不同于大型的跳蚤市场，规模虽小，但旧货的质量都精美可爱。

ADD：Arkonaplatz,10435 Berlin, 德国　　　　TIME：周日 10:00–16:00
WEB：www.troedelmarkt-arkonaplatz.de　　　TEL：+49 30 7869764

达人教学

一、开张时间较其他跳蚤市集稍晚，可以在上午十点左右光临，早起的鸟儿有虫吃。
二、柏林的跳蚤市场取决于天气好坏，天晴就会有摊贩，日照短的寒冷冬天多半下午三、四点收摊。
三、事先查询各市集的开张时间，规划好时程，可以在一天内逛到不同的市集。

围墙公园跳蚤市集

洋溢年轻活力的柏林地标

　　围墙公园跳蚤市集是柏林的大型跳蚤市集，充满来自各国的杂货，形形色色的商品与摊贩让人目不暇接，从大型家具、衣物配件、生活小物到食物，俨然是人们假日最爱的去处之一，也有艺术家会在此贩卖自己的画作，增添了市集的艺术氛围，若仔细品味、深入逛逛，不难发现物美价廉的珍贵旧货，是让人忍不住待上好几个小时的跳蚤市集。

　　邻近市集旁，有一片偌大的绿地，逛累了可以在草地上休息，或躺或卧，手里拿一杯冰淇淋或饮料，聆听街头艺人的乐音演奏，享受星期天的晴暖阳光。

ADD：Bernauer Strasse 63~64,13355 Berlin, 德国　　　TIME：周日 8:00~18:00
WEB：www.flohmarktimmauerpark.de　　　　　　　　 TEL：+49 30 60980018

达人教学
一、商品种类繁多，可以多逛几家，多做比较。
二、观光客众多，商品来自四面八方，比较容易挑选自己真心喜欢的东西。

森伯里古董市场

设计师口耳相传的伦敦古董市集

Homework __ Marko

　　位于伦敦西南方的森伯里古董市场在英国念书时便常去挖宝的地方，也是许多设计师、艺术家喜欢造访走逛的古董市集。自 1979 年开业以来，已有超过 35 年的历史，无论规模或营业频率在英国都是首屈一指，室内外的老件与摊贩数量，都是数以百计。品项从老式家具、厨具、金银工艺饰品、珠宝，乃至相机、书、工业电器等，应有尽有。除了大量英国典型老件如精致的瓷器杯盘、皮件之外，也有来自法国、比利时等欧洲其他国家的老件。这一方面是因为在欧洲，各国老件流通相当悠久频繁，英国人本身拥有欧洲他国老件这件事相当常见；另一方面则也因欧洲其他老件买卖人，也愿意跨国在此展售，甚至形成了长久的合作关系，可以说不只是在英国，在欧洲老件市场上也具有一定代表性。

ADD：Kempton Park Race Course, Staines Road East, Sunbury-on-Thames, Middlesex TW16 5AQ
TIME：每月第 2 与第 4 个星期二　6:30－14:00　　　　WEB：www.sunburyantiques.com
TEL：01932 230946

达人教学
一、先逛一整圈，观察特定、喜爱的物品，锁定后再回头攀谈讲价。
二、伦敦著名老物市集，常能找到很棒的瓷器、杯盘，但价格也较贵。

大江户古董市集

混血古物市集
新旧世代齐聚

东京的大江户古董市集是跳脱传统的"混血"市集，在日本，古董市集的摊商多是上年纪的"欧吉桑"，大江户古董市集的商家，则有一半是年轻人，因此也有一半的商品来自欧洲各地，也较多实用功能的物品，年轻人用五花八门的陈设方式、独到的品位分享他们的收藏。

Jin 提到的在古董市集中选物的要领，就是从传统的东西中找到看起来"不那么老"的物品，同时兼具雅致与低调之美。他笑说："有些木头颜色过深、过黑，或者日本味太重，像是武士家才有的物件！"Jin 偏爱"无国籍"风格："什么国家的味道都有一点。"对古董初学者来说，在大江户古董市集可以一次体验多种丰富的品味与风格。

ADD：东京国际论坛 1 楼地面广场（东京都千代田区丸之内 3-5-1）
TIME：每月第 1、第 3 个周日，9：00-16：00 ※ 遇雨停办；参与店家共 250 家
WEB：antique-market.jp

达人教学
一、古物新手可同时体验不同风格、国家、年代的商品，可开拓见闻。
二、观察不同摊商陈设物品的方式，找到自己心仪的样式。

古道具 Delicate_Jin

富冈八幡宫
古董市集

围绕神社的
日本传统古董市集

平日寂静肃穆的神社占地内，每到举办古董市的周日白天，便人声鼎沸起来。现场陈列着各式旧物，诸如木柜、花瓶、佛像和人偶，满是岁月的气味。富冈八幡宫市集是典型的日本古董市集，不同于一般市集占地广大，这里的摊贩设在弯曲小路、石步道、树林荫下或神社前，整体氛围独特，每月的15日、28日为富冈八幡宫的"缘日"，市集不开放。除了欣赏神社之美，在这里经常能找到茶道具、花瓶、陶瓷等具备古朴与简约的珍品。

ADD：富冈八幡宫占地内（东京都江东区富冈1-20-3）
TIME：每月第1（1月份除外）、第2、第4、第5个周日，6:00-17:00※遇每月15、28日则停办

达人教学
一、"欧吉桑"摊商通常是凭感觉做生意，若遇上不想卖东西给你的摊商，只能摸摸鼻子离开。
二、找另一个时间再去，说不定就能买到想要的东西。
三、富冈八幡宫古董市集的摊商分散在神社周围各处，多绕点路能发现惊喜。

圣图恩跳蚤市集

欧洲最大的跳蚤市集

全欧洲最大的古董跳蚤市场位于巴黎北边的圣图恩跳蚤市场，7公顷大规模如7个足球场般广阔，细分为12个市场，约2500个店家，从大型古董家具、瓷器、灯具到装饰艺术品、服饰配件或明信片，年代久远的古物件与工业风家具共存，琳琅满目，总是吸引世界各地的收藏家与游客前来寻宝。这里也是许多巴黎时尚工作者的灵感宝库，古董蕾丝、绣线、纽扣、衬衣、披肩、手袋或发饰，都具有独一无二的特色，超越现代大量复刻制品的单一面貌。若有机会前往法国，圣图恩跳蚤市场绝对是首选景点。

ADD：Rue des Rosters, 93400 Saint Oven, 法国　　　　TIME：周六、周日、周一，10:00－18:00

iwadaobao_Joanne&Fabian
impresstyle_ 威利

达人教学

一、买老物诀窍：建议先从小型物件着手，如饰品，货比三家，多比价，找寻合意价格。
二、圣图恩跳蚤市场为观光胜地，人潮拥挤，需小心随身的重要物品。
三、市集规模广阔，物件的种类和数量也多，一天内无法逛完，可以集中感兴趣的几个市场深度探访，或分数次游览。

专 栏
-3-
古物美

每个人喜欢古物的原因都不相同，或者喜欢古物的陈旧质感，
或者喜欢古物细腻的设计，又或者自我回忆的联结，
可以试着从不同的角度与眼光看见古物的美好，细细品味那些留在器物上的时光。

欣赏角度

·原始残破美

佗寂美学，从其精神和材质外观体会老物件别具的
残破美。器物上的皮壳，观看自然环境与人为使用下呈
现的铁锈、剥落、龟裂、破裂等不完美的独特，或者非
机器年代制造、技术不纯熟下，手工成就的木头歪斜不
对称、玻璃残存气泡等各式时间留下的美。

·细致美

以前的东西做工细腻，原物料材质选用普遍优于现
代，因此越老的物件越细致，重量也会较沉。以电器中
的马达铜线为例，铜线纯度越高，马达寿命越长，早期
马达铜线的纯度便相当高。另外老件每道制作手续都需
人力，需一步一步组装起来，耐维修使用。木料上的工
法，手工制作的关系能达到许多机器办不到的形状，以
器物的边角来说，许多特殊的弧形和圆角，对机械切割
来说有困难，因此工业大量制造的物品多是利落方正的
样貌。

·时代设计美

不同时代与国家的设计。老物件的来历多元，来自
世界各地的各个时代，由此可以看见旧时代的生活文化
与历史，从早期各国各自发展到社会环境改变下风格的
互相流通与影响，都拥有自己的特色风貌。

·稀有美

即使是工业时代大量制造的老件，也因时间有了稀
有性，会留下来的都是淘选过的。很多现在仍在生产的
经典单品，都可能因为要节省材料成本与人力组装，更
改了原始的设计，偏离了设计者的初衷，因此更凸显了
老件的价值。

·怀旧美

是过去爷爷奶奶的生活用品，曾在记忆中见过，随
着时代的变迁，三四十年过后再相逢的这些物件，勾起
了儿时的回忆，有着像是见到老朋友般的美好，不仅存
在使用的温度，更有着个人的情感联结。

皮壳元素

木材

·老木

很多老木家具经常被重新制作成新家具，因为老木头的质地稳定，表面光滑富油脂、不易生虫，不像新木易剥落、粗糙刮手。老木因为皮壳元素而越老越有价值。

·补丁

木头家具使用久了容易产生裂纹，以与裂开木纹方向相反的木钉作修补的木钉，在现在看来反倒成为一种特殊的装饰。

·黑渍

油、污垢经年累月与木头接触，会沉淀出黑色如发霉样的斑点，位置不一地散布在表面。

·漆面

深色的老木表面光滑，对比多层上漆剥落的色彩漆，富触感与视觉层次。

金属

·铁锈

铁从银色到褐色再到黑色的过程，造就了器物曲折粗糙的表面、雨水褐色锈痕，或者突起或者深凹，甚至锈穿。铁锈经过长久时间到了一定的程度会呈现稳定的状态，不会继续锈蚀。

·漆面

漆在金属上的色彩漆，或珐琅经过时间被使用者于不同时期、不同色彩的补漆多次覆盖，斑驳不已。

皮革

·软烂破裂

与自然环境长期接触会使皮革龟裂，若皮革内有衬布，更会裂开卷起与布双色交叠而形成不规则纹路。

·深浅陈迹

油脂、污垢以及使用频率过繁会使皮革泛出深浅不一的陈迹，越常摩擦触碰的部分会越深。

玻璃

·气泡

早期制作的玻璃瓶外观都有些歪斜，当中有很多大小不一、分布不均的气泡，以现代技术来看是为一大缺陷，却拥有独一无二的美丽。

·色彩

过去的玻璃瓶也多为淡绿色和淡蓝色，原因在于透明色彩的玻璃在当时价格较高，因此会将旧玻璃回收再制成新玻璃。

·嗑（碰缺）

老玻璃罐的底座和边角玻璃很薄，容易破损、有缺陷，因此常会有嗑。

第四章
20 间世界古道具
店铺

1. "归巢之作"

宛如博物馆的迷你魔幻空间

2. "爱挖到宝"

一切从旅行开始，法式浪漫与台式务实
共舞出灿烂火花

3. "燕子"老店

艺术家念旧小屋
珍惜每一件被丢弃的老东西

4. "摩登波丽"

重视空间质感的欧洲老件工作室

5. "鸟飞"古物店

日式古旧奇幻风情

6. "复古饰"

随性适意的美式怀旧风格

7. "达开想乐"

大稻埕洋楼与印尼老件的交会

8. "焦点 38 号"

重返 1900 年代初期的纽约布鲁克林

9. 多元风格

深具趣味的概念小店

10. "找到魔椅"

达人带路 一起发现欧风杂货之美

11. "水无月"老店
带有表情的时间故事痕迹

12. "贝维尔 264 工作室"
工业感浓厚的台欧老件

13. "昨日工作室"
感受时间流逝，设计师的秘密老素材

14. "精美古道具"
保留旧生活质地 展演细致脆弱美

15. "靛青色"
慵懒古道具

16. "26 号陈列室"
自己的生活概念设计师

17. "老古董"
丰富奥妙的欧美古董宝库

18. "旧美好 . 生活器物 . 古道具"
纯净透明的古玻璃世界

19. "第六演播室"
粗犷工业风与老台湾的细腻怀旧

20. "古董杂货铺"
欧洲浪漫生活的想象

"Homework" 位于三元街小巷，店内的改装脚踏车、长凳与院内琳琅满目的老物丰富而特别。

1. "归巢之作"

——宛如博物馆的迷你魔幻空间

初入三元街小巷的"归巢之作"，不禁令人有时空颠错之感，这是21世纪的台北，还是19世纪的老伦敦？这里有大量的欧洲皮件、机械构具、铜件、壁饰与眼镜等什物；也有台湾的牙科诊所海报与美国的古董打字机。整座小店丰富得宛如博物馆，每一角落都是值得玩味的珍奇橱窗。

留学英国，本业是室内设计师的店主马可，笑称因为爱买，不知不觉累积了太多老件，于是干脆就开了一间店。除了自行将店面改装成仿旧风格，有时也会突发奇想改装老物，或巧手自制皮件与金属件。一切纯粹为了有趣，试图勾起过往美好时光的情怀。

马可几年前花了两个月在欧洲旅行，看见了古老建筑物与艺术品，深切感受到原来"工艺"二字可以如此具体，富含生命与时间的心血，这种愿意用长时间专注做好一件事的心神在台湾很少见，而现代社会充斥着速成产物，也许价格低，但却在不自觉间牺牲了美感，也制造疏离与浪费，因此过去惜物有情的氛围更弥足珍贵。而"归巢之作"正是在透过琳琅满目的各国老件，向现代人展演在某段古老时空中，人们曾拥有何种丰盈精致的心灵世界。

ADD：台北市中正区三元街 172 巷 1 弄 6 号　　　**TIME：**周一至周六，14:00-20:30

481　老渔船信号灯

从退役渔船上取下，呈圆柱状，玻璃上覆盖了一层铁丝网，用以防范暴雨，下方转轴支架也可略调仰角与旋转。夜间视线昏暗或起雾时，船家便打起大功率的明亮信号灯，以标示自己的位置。加装木箱支撑后，可添加自家店名字样成为招牌灯。

1930s｜不详｜$ 非卖品｜铁、玻璃

『我最想要到过去旅行。既然时光机还没发明，只好透过生活来营造。』

1.庭院中的英国野餐篮洋溢着欧洲娴雅风情，屋顶上的透明镂空用自然光照着每一件老物。2.墙壁以老屋原本的样式加以设计成仿旧风格，壁上陈设来自英国、日本的老时钟、壁饰与赛璐珞眼镜，风情万种。3.店面一隅，架上的猫头鹰标本是镇店之宝，长桌则是店主平日工作与展示自制手工金属件、皮件的地方。4.呈现褐色调的店，一踏入便有回到家的感觉。5.在庭院与店内中开了一道方格状铁窗，与花砖桌的悠闲相得益彰。

2. "爱挖到宝"
——一切从旅行开始，法式浪漫与台式务实共舞出灿烂火花

位于中和区永和路上的"爱挖到宝"中和店，隐藏在工业区的巷弄间。"iwadaobao"即中文"爱挖到宝"，一楼摆置了许多大型老物如保险柜、行李箱等，沿着回旋的楼梯往上走，二楼与三楼都呈现出不同光景，跨越不同时空维度的收藏，琳琅满目地尽展风华，等待人们来探索、寻宝。店主是一对热情大方的恋人——乔安妮与法比安，乔安妮是台湾人，儿时在家附近的陶瓷工厂捡到弃置的陶瓷娃娃，从此种下了热爱欧式古董的幼苗，与来自法国的法比安相识后，两人踏上了欧洲古董市集的寻宝旅程。

"美丽就在细节中。"逛遍法国古董市集，天性浪漫的乔安妮着重于物品的美感，以敏锐的审美力挑选老物。法比安则走务实路线，瞄准物件品牌、历史，废物也能点石成金。透过外观的刷洗、清锈到内部电线重接换线，乃至老件改装，路边大灯、蒸汽火车头、车站子母钟，将其从古老生活场域带到现在家中。"爱挖到宝"收藏了18世纪初至20世纪60年代的古董家具、家饰，也有经典的工业老件，每件商品都是两人亲自赴法挖宝挑选，他们寻遍了各种历史资料图片、询问法比安的爷爷奶奶，只为让每个老件都有时空归属，期盼任何人走进来，都能邂逅其心仪的古董，了解它们也再次使用它们。

482　法国古董城堡锁

厚实沉重的高质量锁头，黄铜打造，来自1880年代法国的一座城堡，上有精致的花边与人物雕刻，在古董市场是相当罕见的商品，钥匙依旧保存完好，仍可正常使用。

1880s｜法国｜$18,000｜黄铜

ADD：新北市中和区永和路171巷1弄6号 / 新北市永和区博爱街27号　　　TIME：采预约制

华丽的古典法式风格，仿佛来到了古书房的一角。　　　　"爱挖到宝"的一楼有许多大型旧货，看似随性的摆置形成了毫不造作的美感。

1. 桌上、柜子中都展示了各地寻宝的战果，经由 Joanne 巧手布置，呈现了一致的优雅。2. 二楼多粗犷大型的古物，垂吊挂钟，静止了时间。
3. 三层楼的大空间，来来回回像穿梭时空梦境。4. 三楼的空间非常舒适，淡雅的整体色调下，古董家饰宁静地等待人们探访。

3. "燕子"老店

——艺术家的念旧小屋　珍惜每一件被丢弃的老东西

　　"燕子"店主吴建兴从小学美术，在埔里度过了童年时光，收藏的第一件老家具是阿祖留下的"红眠床"，大学后负笈北上，"想家""想在台北有个家"的想法支持他创立了二手家具店，从网络营销到实体店，燕子店内收藏了各地的老台湾家具与各种杂货，老菜橱、几何花纹贴皮床板、圆筒型吹风机、邮政宝宝、迪斯科唱片投币机等。他长期与搬家公司合作，整理被丢弃但能重新利用的老物，对它们进行修复、清洁和重新拍照包装，也改装各式老家具，例如将旧窗装上玻璃成为展示桌柜，这些老物在店主吴建兴的手下，成为一件件艺术品般的存在。

　　"燕子"的老物都具有实用价值，"人们还能经常使用"是选物关键，如此旧物的生命才能延续。台湾老家具多以木材制，木材既能除湿、解潮，也因有着时间的流转更添纯朴古旧，最重要的是它保有人们的记忆。吴建兴说最喜欢的还是那些自己记忆中的生活器物，每每拿起来都勾起对过去的回忆，借着这些可能在祖父母家中见过、用过的旧物，燕子为我们找回过去的温情与珍贵回忆。

ADD：台北市北投区东华街一段 438 巷 4 号 1 楼　　　　TIME：周二至周日，13:00-20:00
FB：Swallow 燕子

483　西德望远镜

　　日据时期日军与德国抗战，当时西德所使用的军用望远镜，白色的小字印着"made in w-Germany"字样，充满浓厚历史感，来自德国专业望远镜品牌"STEINER"。军用望远镜多经过严格检测，且外壳多为金属而非塑料。

1940s｜德国｜$8,000｜铁

两位店员协力把堆置在院子的大型家具搬下来，准备记录、整理并上架。

『很多人认为收藏是嗜好或兴趣，但老家具对我的意义是为了「感受」这些东西。』

1. "燕子"藏在北投东华街内的一处老房子中，大红色的铁门与台式铁窗体现了朴实、淳厚的台湾精神。2. 店中绝大多数的老件来自台湾各地，不同时空下的各种特征齐聚，令人感受"家"的平实自在与"老台湾"的韵味。3. 小男生的书桌，玩具、文具、小台灯应有尽有。4. 店内一角的老式理容院，贝壳状吹风机与蛋型烘发机让人怀想旧时代。5. 店主自己将旧窗框搭上深褐色圆柱桌脚，改装成的展示桌。

进入敞亮的遮雨棚后院，现
出多款欧风灯具、门饰与海
报，又是充满惊喜的空间。

4. "摩登波丽"
——重视空间质感的欧洲老件工作室

　　大安区巷内的"摩登波丽"是相当资深的北欧老件行家，经营以法国、比利时、德国为主的欧洲老件，也引进北欧、日本设计师的现代经典家具和小物。店名摩登波丽，是摩登"普普风"与老板丹尼欣赏的波丽路西餐厅名字的结合。除了老件选购保养，也擅长针对商设或居家等不同风格需求，提供实际搭配建议。

　　拥有汽修科背景的丹尼对于能够充分演示肌肉组织、机件运作的教学类老件情有独钟，而随着时间喜好递嬗，丹尼的收藏风格也由最初的普普风，渐渐遍至粗犷工业风、1970 太空漫游年代、乃至洗练北欧风，品味触角渐渐多元，对某一类物品短缺难觅的焦虑，看得越来越淡，随缘的态度让丹尼能够一直沉浸在其中，热情十足。改造，让原来已被丢弃、不堪使用的老物经过敲打修补，成为一辈子永恒的使用，也是工业风最初的精神，每个细节都是一手一步打造出来的，丹尼说即使每天都和这些老件相处也不会腻，永远都有新发现。

　　这样由点而线而面的收藏兴趣，也体现于摩登波丽的空间设计中：层次井然富于变化。并不随意舍弃过去，而是让每样老东西自自然然，于生活中释放其原有的灵魂。

　　484　德国汽车动力学教具
　　长方形大木板上方为色彩鲜明的模型，依序为齿轮、手刹车、活塞的运行原理模型，可供教师、学员实际示范操作。模型各部位标有数字，可对照下方黄色纸卡的构件说明，认识不同机械部位的名称。操作性极强，呈现出德国重视实作与步骤的严谨教育精神。
　　1960s｜德国｜$4,500｜木、塑胶、金属

ADD：台北市大安区复兴南路一段 295 巷 16 号　　　TIME：周一至周六 13:00–21:00

『老件就是我生活的全部，融入生活，钻研便永远不累。』

1. 拆解老件的各细节，圆盘座、螺旋椅颈和各式螺丝钉，工业改造精神浓烈。2. 即使作为装饰也趣味十足的老式开关。3. 裸露红砖及满满的网状照明灯，粗犷得很有味道。4. 进门口的右手边摆放着德国铁义肢、巴黎铁塔海报和改造贴皮椅，是老板最喜欢的角落。

5. "鸟飞" 古物店

——日式古旧奇幻风情

　　位于南台湾的"鸟飞古物店"，隐身在永康住宅工业区巷弄之间，没有招牌也没有标识，整间店呈现深褐色，围绕老木头，照入柔和阳光，以木雕草写店名黏于木块，洋溢日据时代的风情，宛如回到了旧时代身着和服、脚踏木屐，人们谈论生活、讲究生活的日子。

　　为了装修自己的房间而意外踏入老物领域的老板叶家宏，在台南成立了鸟飞古物店，店内有不少台湾早期的桧木家具、日本老件，如深受喜爱的小柜、玻璃柜、日本小书橱、小菜橱等，也有不同于一般的灵性古物，如老鹰标本、木雕猴子、日本鬼广告牌、传统宗教偶、武士偶等，这些原来色彩缤纷多样、雕饰着会藏进灵魂的双眼的古物，敷上时光便成了无限故事的载体，等待着向人们诉说他们的身世。

　　店主擅长用不同国籍的老物搭配，制造出独有的宁静氛围，他能看见老件的细腻与特别，寻找每一件物件的可能性，探求空间的合理性。除了贩售老物外，叶家宏还会不定期地与老师傅合作开发以老料创作的木柜，重新赋予老物新生命，让历史不断延续地一篇一篇写下去。

ADD：台南市永康区忠孝路 410 巷 85 号对面仓库
FB：鸟飞古物店

TIME：采预约制
TEL：0925-892-192

485　熊胆木香丸老招牌

　　日本店铺的广告牌文化大约起源于江户中期，依照广告牌摆放的位置可分为置广告牌（放在店铺前）、屋根广告牌（挂在屋檐下）、立广告牌（挂在立柱上）。这块"熊胆木香丸"属挂在墙上的"壁广告牌"。"熊胆木香丸"是江户时期一种治疗腹痛的昂贵药品，做成了日本鬼的形象，右手拿着写上药丸名的棒子，腹部则写着"腹部药"，也有朱漆彩绘版本，被收藏于民俗博物馆内。

1920s｜日本｜$30,000｜木

『感受老物的过去，并且探求物件在现代生活的可能性，从中可有无穷乐趣。』

1. 一排排木柜，堆栈着老板心中所好。2. 铁锈圆钩像是勾住一种光景，台南的阳光极其美好。3. 巧妙的结合不同国籍的古物，即使是70后的塑料，也因牛奶蓝的温和相处融洽。4. 名片旁的小偶，有着可爱姿态。5. 有着各式医疗用品的"鸟飞"，玻璃药罐、医院躺椅……

6. "复古饰"

——随性适意的美式怀旧风格

位于京华城邻近巷弄的"复古饰"，两间没有招牌的低调店面，一间充满着各款摇椅与手织钩毯，有着美式乡村温馨怀旧的氛围；另一间映入眼帘的，大红色可口可乐 Logo 是百年来美国的经典象征，而大片红蓝色美国国旗像是那个年代大家所追求的美国梦。

这家小店由斯蒂西、露西亚与露西亚的美国丈夫丹尼尔一起经营，满满的都是美国老件，从 20 世纪 60 年代到 70 年代，风格简洁又不失温馨活泼的 21 世纪中期风格家具尤为丰富。多款特色摇椅与沙发散发着浓浓的美国风，生活用品如厚壁马克杯、翠绿色的玻璃杯盘，与铁制饼干盒、字母铁牌等风格摆饰，乃至老皮箱老船挂钩。

在美国，使用、修复旧物是很自然的事，他们珍惜每一件物品。丹尼尔和露西亚夫妇两人的结婚照，便是在美国家乡与喜爱的老件们取景合影。三人平日喜欢的老件各有不同：丹尼尔偏好各式地图及交通工具，喜欢自己动手修复、改造，代步工具即是一台 1969 年的哈雷机车；太太露西亚特别欣赏碗橱杯盘等生活用品；斯蒂西则喜欢文具、机械类的老件。喜好各异，他们讨论着每一个老件的来历，让老件融入自己的生活，并有着无限的喜爱。

ADD：台北市松山区八德路四段 106 巷 8 弄 7 号
FB：Vintage & Deco

TIME：周一周六 11:00-20:00
CEL：0916-216-828（Stacie）

486 橘红真皮老沙发

实木椅脚，有着 mid century 的简洁性感脚风格，侧边密实的手工铆钉十分性感。

1960s | 美国 | $14,800 | 牛皮

1.刮旧的老皮箱与各式傻瓜相机。2. "Vintage&Deco" 轻松舒适的店面，木造吧台提供咖啡、巧克力等美式饮品。3.缤纷塑胶暖色调拨式电话，装点着小角落。4.温馨小角落，雪橇、土黄色沙发与饼干罐、电话等生活杂货共同谱出家居感。5.满满的糖果饼干盒，是 "Vintage&Deco" 特有的缤纷老杂货，带有无限童趣。

1.图腾长椅搭配其他木件营造出厚实空间主调，并以泥偶、软枕、玻璃盆加以点缀，气氛沉稳娴雅。2.来自印尼的泥偶、托盘等老件与现代玻璃工艺品并陈，古今辉映。3.三楼咖啡厅一隅，藤篮、白纱橱等老物琳琅满目，灯悬垂而下，陶瓮中素雅鲜花为室内增添了一抹生气。

7. "达开想乐"

——大稻埕洋楼与印尼老件的交会

位于南京西路与塔城街口，建筑本身为充满历史感的六馆街尾洋式店屋。日据时代，曾是板桥林本源家族的茶行，后来成为布料批发的集散地，辗转迈入新世纪，2013 年由"达开想乐"进驻。

"达开想乐"的装饰与收藏，每一处都是店主索菲亚用老件与艺术品打造出的生活感风景。洋楼一共有三个楼层，一楼有着台湾设计师的文创、工艺作品；二楼展示店主索菲亚所搜藏的印尼老件，从苏门答腊、爪哇到巴厘岛，遍及有着千岛国美称的印尼各地的老件，朴拙而率真；三楼则为咖啡厅，老件长桌的补丁清晰可见，椅子是原为公园椅，有着蜷曲花纹，大面开窗，光线充盈，一旁便是大稻埕街景。传统、现代并陈，重视质朴拙趣美学的"达开"，用独到的眼光、以美好的陈列让更多人认识印尼老件，佐以现代工艺，赋予生活器物多元文化思想。

487 爪哇木制烛台

约为 20 世纪前半叶的老件。一圆一方，棱柱或为单根细木，或雕饰结节，朴拙中带有细节，可从木头上的黑渍猜想主人过去生活的习惯，加上烧熔到一半的蜡烛，让人感觉仿佛昨晚才点燃。

1800s ～ 1900s｜印尼｜价格店洽｜木

ADD：台北市大同区南京西路 251 号
FB：达开想乐

TIME：周一至周六 11:00—19:30、日 11:00—18:00
TEL：02-2558-2251

1. 店门口摆着几个酒桶和经典椅，仿佛来到了 19 世纪初的布鲁克林。2. 阳光洒进 "Point No.38" 店内，让古道具的色泽更加美丽。

8. "焦点 38 号"

——重返 1900 年代初期的纽约布鲁克林

　　两间店分别是贩售古董自行车与家具的 "焦点 39 号"，与同样开在目黑家具街以灯具为主要商品的姊妹店 "焦点 38 号"，店内也贩售古董家具，主打 1900 年代初期的古董灯具，以及古董风格设计的独创灯具。玻璃灯罩、灯头、电线的部分可以自由组装，再搭配美国进口、拥有美丽钨丝的爱迪生灯泡，打造出专属自己的独特灯具。

　　在 "焦点 38 号" 店内，人们仿佛回到了 1900 年代初期的布鲁克林，舒适的迪克西兰爵士乐流泄，让人感受到那个年代的美好风情。

488　Shot Glass set

　　记载 6 种喝法的 Shotgun Glasses，陶制。充满玩心的 6 种特色杯子，拿来插花或是当笔筒都非常有趣。

1970s ｜日本｜价格店洽｜陶

ADD：日本静冈静冈市葵上土 2-15-35　　　　TIME：12:00—20:00
WEB：www.p39-clowns.com　　　　　　　　　TEL：03-6452-4620

橱窗式的店门口，一再替换着令人印象刻的杂货老件。

9. "多元风格"
——深具趣味的概念小店

　　走过富锦社区，"多元风格"活泼充满魅力的店面总能吸引路人好奇的眼光：小小店面摆满麋鹿标本、普普风灯罩、各国椅件与玩具，甚至台湾老中药罐，物件纷繁，令人目不暇接。

　　本是广告人的店主威利，凭着对老物的娴熟热爱，以及满满的好奇心和热情，毅然将兴趣转为职业。"多元风格"其实是威利的第二家店，第一家店"交叉风格"则专攻20世纪50年代到70年代的北欧家具。因察觉顾客渐不满足于单一风格，却不想就此妥协、混淆原本纯粹的北欧风，于是威利选择另开多元风格，并清楚标识了经营概念：交叉风格专精区域，强调北欧老件跨界混搭的特质；多元风格则旨在提供北欧以外的欧美各国老件，呈现令人印象深刻、多元复杂的调性。除了威利本就擅长的椅具，也有大量藏家新潮流的趣味品项，童趣、校园风情、田园风格皆在搜罗之列，怀念学校生活、孩童时期或者大人的玩具，比起乡村风更加摩登风格。对于想一口气体验各国老件，又带点童心的人，多元风格是值得一游、选择丰富的所在。

ADD：台北市松山区新东街 51 巷 33 号　　　　TIME：周二、周四 13:00—21:00
FB：店铺道具专门店 impresstyle　　　　　　TEL：02-2767-4248

489　商店字母

　　美国超市、杂货指示的字母，用以拴在木板上。因为是用于超市和杂货商品的标示，很多不常用的字母如"Z"则几乎不曾发现，其他如"E""I"等常用字母，包括"VEGETABLE""MILK""MEAT"等等的会有较多的数量，其他也有数字的形式，用来区分超市各区域。

　　1970s｜美国｜$390｜塑料、木、五金

『老件的魅力在于时间带来的历史感、使用感，特殊韵味永远无可取代。』

1. 来自美国"浓汤"的吉祥物宝宝，俏皮可爱地站在老音响旁。2. 各式各样的老件，不同于威利"交叉风格"的北欧风，"多元风格"有着挖掘不完的新奇杂货。3. 多层窗户让阳光从动物角后透进来，形成一种奇异的美感。4. 老板威利收藏的美国猴子，经典的浅褐色和正红配色，据说是每家奶奶都会做的猴子玩偶。5. 斑驳的保龄球，像是藏了几万个故事等着诉说。

和旧货的年代其实相隔很远，但总会在第一秒辨识出它们，说得更玄一点，就是『似曾相识』。

1. 木造老房子与小招牌晕黄光线，"找到魔椅"散发让人难以忽视的沉静美。2. 鲜艳的搪瓷用具为空间装点了缤纷色彩。3. 小小的店铺空间不大，装满了形形色色的异国杂货。4. 光是灯就有好多种，悬吊的、桌上型的灯，点亮一盏盏灯，宛如徜徉在奇幻的光影小世界。

10. "找到魔椅"

——达人带路一起发现欧风杂货之美

"找到魔椅"是位于泰顺街的欧洲旧货专卖店，木造老房子最初是台大的教职员宿舍，浓浓日式风格仿佛沾染着时光的香气，深沉原木色墙面、瓦片层层叠成波浪状的房顶，衬着一旁青翠的绿树，远看就像一幅恬静美好的油画。老屋经过翻修后，改造为现在的"找到咖啡"与"找到魔椅"。

与专卖 20 世纪 50 ～ 60 年代二手家具的"魔椅"不同，"找到魔椅"混搭古典与田园风格的杂货，包括 1930 ～ 1950 年的家具和杂货老件，也有如温莎椅等少量 19 世纪的家具。店主简铭甫从事欧洲旧货买卖 10 多年，对各种二手物品有着绝佳的眼光和敏锐度，他将欧洲的旧货带回家乡，让这些经历漫长时光的异地杂货，以最美好的姿态呈现。店内空间设计十分精巧，拆除天花板形成挑高空间，原本的拉门改为整片落地窗，自然日光与室内晕黄的灯光，交织成整体温馨的气氛。逛得累了便在另一边的"找到咖啡"挑一张桌子，享用温醇的咖啡与蛋糕，暖暖地，窝进属于自己的美好午后。

ADD：台北市泰顺街 16 巷 4 号　　TIME：12:00－20:00
FB：找到魔椅 mooi trouve　　　　TEL：02－2365－1952

490　撞球台灯

黄铜制的灯罩，淡绿玻璃小窗透出清澈的光，其上装饰着细致卷曲、缠绕的花饰，增加了物的古典美感。原为撞球台上的灯，现可作为一般灯具使用。

1930s ｜德国｜价格店洽｜黄铜

11. "水无月" 老店
——带有表情的时间故事痕迹

在静冈市巴川旁,有家名为"水无月"的古道具店。它的整个店面就是仓库,摆放着店主以自己的眼光挑选出的"个性"商品。

从明治时代到昭和初期的家具、小物、器皿,件件都是"带有表情"的古道具。店主挑选古道具的时候,并不是有老旧的感觉或是古典的设计就好,最重要的是古道具本身的存在感。经过主人长年使用留下的污渍或擦痕,都成为古道具独有的"表情",仿佛在诉说时间的故事。而"带有表情"的古道具,能够带出独特的氛围,因此"水无月"受到咖啡店、杂货店、画廊老板等开店人士的爱顾。在这里的每件古道具都是值得花一辈子使用的好物,有兴趣的,不妨前来水无月寻找命中注定的古道具。

ADD:静静冈冈市葵上土 2-15-35　　TIME:周五至周一 12:00-18:00
WEB:minazuki.in　　　　　　　　CEL:054-267-2110

491　灰色大铜瓮

这个古旧的大铜瓮是哪个年代的器物呢?现在已无法考察,但它满身留下的岁月的痕迹,似乎用遍体鳞伤的表情,在苦涩地诉说它昔日的故事。

年代不详 | 日本 | 价格店洽 | 铜

1. 个性十足的"水无月",日式气息浓厚。2. 店内充满了玻璃柜,不断的反射也展示了色彩平实的日本古道具。3. 日本大正时期初期各式设计的挂钟,摆在一起像是静止了时间。

『在不完美中寻找完美的乐趣。』

白色木马的浪漫情怀。

12. "贝维尔 264 工作室"
——工业感浓厚的台欧老件

　　位于台湾中部的"贝维尔 264 工作室"，有着法国的名字，"贝维尔"在法文中意指美丽的城镇，店主阿峰期许"264"可以成为这样一个美丽的存在。因为嘉义爷爷家住在传统日式木造屋，使阿峰自小就对老件有着不可自拔的迷恋。退伍后，他从收藏单椅开始，并受到台北几位进口欧洲老件的藏家影响，踏入老件收藏的领域，这成为他日后开老件家具店的契机。

　　店早期在五权西五街一带的工作室，后搬迁至公正路后开始扩大经营，除了台湾老家具之外，也有稀罕的欧美老件，如学生椅、螺旋桨、剧院灯、经典老打字机。工作室共 3 层楼，有着拼接的外观，木头、红砖墙、水泥和铁梯相结合，偌大空间被营造出浓浓的工业情境，天井的小房间内还有同业寄卖的古装服饰，大至桌椅、落地灯，小至灯具或老零件。

　　店主提供老物与空间结合的专业咨询，并经常参与布置商场或店铺空间。他擅长利用残件来装饰空间，打造工业风，除此之外，阿峰为搭配空间开发了不少仿旧家具，如复古铁管椅、创意灯具等。二楼玻璃落地窗内的白色旋转木马，象征着老板对老物永不停歇的浪漫。

ADD：台中市西区公正路 220 号　　TIME：采预约制
FB：Belleville 264 Studio　　CEL：0931-636-872

492　老儿童铁椅
　　设计给儿童使用，相对于成人用椅低矮，角度也较圆润，椅背和椅面皆是木头，与铁搭配既有工业感也有浓厚的校园气息。
1951 ～ 1965｜美国｜价格店洽｜铁、木

1. 一件件可爱老物，透露出老板阿峰的爽朗自在的性格。2. 大片剥落砖墙，工业原始风浓厚。3. 大量铁件家具，营造出粗犷的美感。

太空风的色调缤纷，老板克拉克的所好可见一斑。

13. "昨日工作室"

——感受时间流逝，设计师的秘密老素材

　　"昨日昨日工作室"，让昨日的物品化作今日的美丽，受到收藏家岳父的影响，店主克拉克爱上了在古物市集挖宝，也因为空间设计师工作的关系，他需要经常到处搜集老素材。迷恋老东西的他擅长使用老物来装修空间，对五金类、老电器、挂钩开关等特别喜爱，甚至拥有金工模具。不知不觉间他的老物件已堆积成山，于是便开始经营私人古物工作室，在朋友之间，成了一处秘密的挖宝处。

　　除了五金小型工具，"昨日"有不少选物都是设计师名品，经典款单椅、长形边柜、"北星"冰箱、"维纳"吊灯等 60 年代现代主义感强烈的物件；以及普普风缤纷热闹的时代用品，塑胶外壳、几何图形、太阳框、多抽屉分类柜、亮色系、马赛克砖……用各式各样风格强烈的特色物件创造空间的独特性。此店的老东西让昨日的回忆延续不止。

ADD：台中市南屯区大墩四街 157 号 1 楼　　　TIME：采预约制
FB：昨日 Yesterday Studio 旧货 家饰 老东西

493　工业照明灯

　　巨大的灯具是从老工厂拆下来的，采用金属制成，灯罩内部为银白色，具有高反光性，加强了照明效果。早期工业照明灯搭配钨丝灯泡，点亮时会产生热度，多用在挑高的工厂车间，或作为仓库天棚灯使用。

　　不详 | 中国台湾 | 价格店洽 | 金属

1. 方形、圆形，昨日流逝的时光，延续不止。2. 每个角落都值得玩味。3. 木头窗框与亮黄脚踏车，普普风浓厚。

1. 铁锈窗前，三只透明的青色玻璃瓶，随处可见的轻盈美好。2. 走进"古道具 Delicate"，有时也像踏入了老电影的场景。3. 漆成白色的三角形铁皮屋，立在街旁，有着令人难以忽视的独特。4. 店外的小空地，看似随兴地摆放了几张桌椅，让夜行的人们暂时休憩。

14. "精美古道具"
——保留旧生活质地 展演细致脆弱美

静谧的嘉兴街上，这家气质非凡的店名为"精美古道具"，是银白铁皮屋辟出的长方形空间，商品多来自店主简从日本带回的古生活用品，从明治到昭和时期，旧时代的生活气息无处不在。

走进店内，古道具个个恰如其分，摆设在最能呈现物本身美感的位置上的，是陶土、原木、金属、玻璃等，殊异的材质保留着古朴韵味。这里的商品都是日常可见的器物，如烟灰缸、酱油罐、煤油暖炉等，稀松平常的器物经历时光淘洗，留存下工艺精神和珍贵生活痕迹，观看、触摸这些器物，便能体会古时人们的智慧与对器物的珍视，同时召唤我们看见当下种种美好的可能。

有些物品的原始功能已不可考，简赋予了它们新生命，例如柜台（原是古书桌）上的收银盘，曾是一只医疗盘，古模具则变成了实用的笔架。人们奔腾的想象没有停歇，古道具的功能与价值便能日日如新。

ADD：台北市大安区嘉兴街 346 号
FB：古道具 Delicate

TIME：一～六 13:00-21:00　日 13:00-20:00
TEL：02-8732-5321

494　陶制木工工作台

日本的工艺为世袭制，木工为重要的工艺之一。世代传承的手法，都在这方工作台上完成与延续。日本民艺之父柳宗悦曾说："在日用生活器物中发现美的存在，开拓了众人对美的视野。"他提倡"用之美"，在民间工艺、传统工艺中发现艺术的价值。木工工作台正传达着这股坚强而优雅的力量。

1920s｜日本｜价格店洽｜陶

15. "靛青色"

——慵懒古道具

位于冲绳海岛,有着慵懒的气息的"靛青",如同冲绳的天空与海,一望无际的静谧,这间贩卖古建材创作家具和旧货的店,是原先在外地室内设计事务所工作的比嘉亮所开设的。而身为土生土长的冲绳人,他每每回到家乡便觉放松,因此决心回冲绳生活。

店里贩售比嘉亮喜欢的老件,并配合着老件用古建材,那些老房子、老家具拆下的建材重新创作出家具,有着令人安心熟悉的感觉,很多日本的家庭和咖啡店都向他订制古建材家具,"我的设计或许不是最新颖、最有个性,却能让人找回曾经熟悉的美好,这才是我想制造的家具。"赋予老件新生命,店内的陈设让人惊叹,白色与褐色交错,即使古旧却充满生机,生活感浓厚,透着坚定、强大的精神力量。

ADD:读谷村楚边 1119-3　　　TIME:周一、周二、周五,10:00-17:00;周六、周日,10:00-18:00

495　杜拉铝制马雕像

在战后物资有限的时代,利用散落四处的弹壳碎片制成的装饰品,正因为是那个时代才更需要这种充满玩心的作品。而它的自然质感与马的表情是机器无法比拟的。

1940s | 日本 | 价格店洽 | 铝

1. 新旧交错的摆放,琳琅满目欲配置得完美。2. 白色的外观墙与玻璃窗,用红色推车与植栽点缀。3. 配合店内老件的古建材创作家具,越使用越有味道。

『尽管是量产的古道具,也是独一无二的。』

不羁中带点细腻，粗犷中也颇富玩味。

16. "26 号陈列室"

—— 自己的生活概念设计师

　　工作室隐藏在台南寻常巷弄里，低调地生活着，秘密地为藏家们所爱，走进铁皮加盖的仓库，一眼望去是阳刚的铁制品，毫不保留地展露出时间留下的痕迹，凹凸不平的铁锈、大量落漆、时而柔和的游乐园木马和亮红色调穿插，电影戏院椅、可口可乐招牌，又或者男孩的大玩具糖果机、盔甲战士，"工作室 26"宛如一座年代久远的欧洲游乐园，藏着孩子无限的华丽想象！

　　因为厌倦大家都有的一窝蜂的商品，店主克瑞斯挑选了罕见如大型铁轮台车、巨大磨豆机、蜡筒留声机等，有着老件的细腻也有把玩的乐趣。店主频繁往来跳蚤市场，亲自挑选这些独特的老件，美国、英国、法国，乃至匈牙利奥地利，沿途风景不断，飞过半个地球，为的是过一个更美好更理想的生活！

496 美国国家收款机

　　美国国家收款机 National Cash Register，全铜打造，操作面板分为两种，一为曲轴系列、一为按键系列，这款属于按键式的经典代表款，共有20颗按键，最大特色是前台采用大理石，以及玻璃视窗上方的金属饰板完整保留，玻璃视窗下面的金属饰条刻有序号、出厂年份与机种。

　　1910s｜美国｜价格店洽｜石材、铜、铁、玻璃

ADD：台南市中西区河中街 55 号
WEB / FB：www.showroom26.com.tw / Showroom 26

TIME：采预约制
CEL：0913-813-050

1. 柔美的角落，搭上圆形太空风胶壳，配合得恰到好处。2. 旋转木马，是孩子们的向往，更是大人们的回忆。3. 环游世界的珍奇异品，藏着时代玩乐的痕迹。

"BRUNSWICK ANTIQUES" 红色招牌和亮黄大熊，展露美国风怀旧灵魂。

17. "老古董"

——丰富奥妙的欧美古董宝库

　　市民大道旁，以瑞典知名木匠为名的"老古董"安然静立，店口摆放的是德国蔡司碳棒放映机、美国百货公司精致投币式音响，走进店内，则摆放着来自美、法、德等国的各式电器、灯具与黑胶唱片，几乎都来自 1950 年以前，繁复工艺与沉甸质感让人仿佛置身于 20 世纪初的老电影。在不远处的巷口，则是以古代意大利国王命名的另一店面"老古董"，而这些，只是老板傅龙华不到二十分之一的收藏，他的足迹遍至高雄和美国，收藏仓库内还有很多其他的宝藏。

　　这样惊人的丰硕的收藏来自真心热爱与全心全意地投入，老板傅龙华从23 岁收藏第一只老美军电话起，便爱上了这些古物，他尤其喜欢音乐老件，如圆形音乐铁片、精雕木盒、卷纸风琴，乃至店内无数支话筒，又或者琳琅满目既古典却又意外摩登的风扇。老板与儿子本懂得维修保养店内的一切古董，他们坚持古董原件精神，忠实反映当年的工艺精神与质感，绝不另做改装，每样售出物件皆享有终生保固。对于各式电器与音乐古董都能让它再次于现代使用，让人能真正地使用，对于喜爱古董的人来说，不再只是欣赏外在工艺，更是融入生活的风雅。

497　美国机械式古董拉霸机

　　依靠拉杆带动内部杠杆、齿轮等机械运作，不费丝毫电力。因应赌客频繁的操作需求，又必须保证不同中奖情况都能精准出币，拉霸机的制作、零件选用都格外谨慎，时至今日依然坚固耐用。20 世纪早期世界各国多视赌博娱乐为非法，即使在赌博业相对开放的美国，各州对赌具也有不同的严格法规管制。

　　1930s｜美国｜$150,000 起｜铜

ADD：台北市光复南路 57 巷 14 号 1 楼 / 高雄市苓雅区青年路二路 212 号 2 楼
TIME：13:00-21:00　　　FB：Brunswick Antiques　　TEL：02-2747-1111 / 07-251-1119

230　古道具生活指南——时代感老件器物 500 选

『收藏古董与创作是两种不同的精神，后者可以自由发挥，但前者是深入回溯，将古董过往生命的光彩忠实呈现。』

1. 各式各样的电话古董，全经过老板父子的悉心装修保养，现在仍能使用。2. 店内一隅，1903 年美国 Victor 的留声机，手工橡木喇叭有着精致木纹且音质浑厚。3. 大大的圆形铁片，是早期的唱片，一个个孔洞都是声音留下来的证据。4. 一进门口便能瞧见满满的车牌随兴堆放。

进门前的大庭院，一台伟士牌机车，一张落漆公园椅，焦糖色刷旧门，配上阳光、浅绿，温暖和煦。

18. "旧美好 . 生活器物 . 古道具"

——纯净透明的古玻璃世界

　　"旧美好"店主有个温暖可爱的名字——橡皮擦先生，他从事美术教育多年，也是古道具的爱好者，特别迷恋古玻璃制品，如早期糖果罐、牛奶玻璃灯，小至迷你的墨水瓶、药瓶或奶瓶，大至玻璃浮球、蒸馏瓶、马口铁展示柜。

　　因为曾定居在屏东乡下，橡皮擦先生搜集了不少老台湾的古物，后来又因为接触日本跳蚤市场，便一头栽进了收藏的世界。店内风格有日式也有老台湾风格，各色玻璃瓶、深色细腻老菜柜、芭比娃娃、多支杆帽台、吉祥物青蛙，干净透明的陈列与舒服纯净的气氛，各种木色错落和杂货完美静置，都来自橡皮擦先生一双巧手，和他美术老师的精准眼光。而除了古道具的贩卖之外，橡皮擦先生之名，即是来自于他在店内教学橡皮擦雕刻、手作教室。包围轻盈的古玻璃，老师独有的温柔气息，仿佛能听到一个午后，在嘉义悠闲的步调中，伴着和煦温暖的阳光，透出旧时代的无限美好笑声。

498　玻璃干燥器

　　早期实验室用的器材，称作"玻璃干燥器"或"真空干燥器"，分为底座、盖子，并有架高的陶瓷洞洞板，可隔开为上下层，将干燥剂放在瓶底，而要干燥的植物、花朵等物放在上层。为了达到密封效果，玻璃盖相当厚重。

　　1960s｜台湾｜$8,000～12,000｜玻璃

ADD：嘉义市东区兴中街 32 巷 15 号
FB：旧美好 . 生活器物 . 古道具

TIME：采预约制
CEL：0922-900-246

1. 赭红色古秤与蜡黄色花搭配得恰到好处。 2. 透明无瑕的沉静。 3. 满满的古杂货，安静地一一静置在他们的位置。

"LUMINANT"的红色木门就像约翰喜欢的日据时期老件，糅合了各种风格。

二楼店面，有着工业风吊灯老件、英美特色木椅和较大型模型器械与蝴蝶标本。

19. "第六演播室"

——粗犷工业风与老台湾的细腻怀旧

由社长约翰开设的此店，位于文昌街红砖老屋，它是以怀旧工业风灯具、家具、台湾老件为主，于设计师间口耳相传的质感小店；另一间则在和平西路上，"105号阁楼"店，多小物、灯具。"第六演播室"，发光体，既指店内无数老灯具、改装灯具、订制灯具，也像在说这两间暖暖发光的小店，既精确驾驭了粗犷的机械构件，也敏锐突显了台湾旧时光之美。

家中曾进口寝具，也代理户外家具，约翰自小对风格老件耳濡目染，长大后便开始研究工业风灯具与欧美老件。他本身就懂得机械与木工的知识，自己又学会了维修，能运用旧工厂生产的零配件组装。他收老件时会要求一定的完整性与质量，也有固定合作的木器工厂，让老件贴近原有的风貌。

而约翰最喜欢的，是日据时期，混融中、日、西洋三种风格的台湾老家具，收货随兴，巧遇路边老件就会拾起欣赏，问问来历，因此此店内除了多款变化性强、易与现代空间配搭的复古灯具外，也有台湾老戏院椅、理发厅座椅与诸多日据时期的老物，是老一辈的生活记忆。未来，约翰还想继续收藏台湾早期的老件，特别是橱柜。

ADD：台北市大安区文昌街47号（VI Studio）/台北市和平西路二段105号（Loft NO.105）
TIME：周一至周六 13:00-19:00　周一至周六 12:00-20:00　　WEB / FB：www.luminant.tw / Luminant
TEL：02-2375-5252 / 02-2703-0789

499　古台湾理容院座椅

造型时髦的早期台湾理容院座椅。皮制坐垫内部含有手工弹簧，以麻绳、麻布固定，因日久脆化断裂而蓬松鼓起，侧边船舵形的转轴造型相当致，可借由转动舵把调节椅背角度。扶手与底部罗马柱座皆为雪白珐琅，踏板镂空的镂花雕刻则有美式装饰风味。

1940s ｜ 中国台湾 ｜ $35,000 ｜ 珐琅

代表性十足的古董打字机、蛇腹相机。

20. "古董杂货铺"

——欧洲浪漫生活的想象

藏身在台中中兴大学小巷弄中的"古董杂货铺",原本是一间小工作室,店主 Edward 从小受到喜爱古物的父亲影响,也迷上了老东西。由于建筑工作关系,经常往返欧美,Edward 便利用闲暇时间到各处跳蚤市场与古董店挖宝,并亲自将欧美古物运回台湾,他的选品风格受设计师朋友所青睐,便开启了此店。

此店古董杂货铺店内,除了代表性强烈的打字机、黑胶机、老电扇之外,更有着对生活无限浪漫的情怀,餐桌上的风景,古银器、雕饰刀叉餐盘、手绘瓷盘、铜烛台;女主人的傍晚午后,工匠裁缝机、老秤、熨斗、顶针指套、纽扣;男主人的书房,古铜奖杯、精装小说、百年明信片、蛇腹相机、喇叭花唱盘。在这里你能品味到生活的每一个细节,有着洛可可时代的优雅气派、曲线雕饰的趣味,致力于愉快生活的情调。

500 英国木收银箱

英国古董木收银箱,轻巧,很有古味,箱底还安装了响铃,用暗钮开启会发出清脆的"当"声,警示有人开启钱箱。采用木制,里头安置了铜的机械内脏,可以卷记账纸,方便写下存入或支出的金额,底部小抽屉原用来分类钱币。

不详 | 英国 | $18,500 | 木、铜

ADD:台中市南区仁义街 71 巷 12 号　　TIME:采预约制
FB:Reborn Antique 古董杂货铺　　　　CEL:0988-525-989

专栏
-4-
古物收藏保养

有的人喜欢维持物品本身的模样，有的人则喜欢修复物品至原始样貌，
因此不管是修复还是整理的程度，皆依个人喜好而定。干净的定义也因人而异，
煤渍、污垢的陈迹也会是一种天然的装饰斑纹，最重要的是——适合自己。

采访整理：La Vie
受访者：不伦瑞克古玩店—傅龙华和本 / 归巢之作—马尔可 / 多元风格—威利 /
爱挖到宝—乔安尼、法比尔 / 第六演播室—约翰 / 燕子—吴建兴 / 复古饰—斯泰思、丹尼尔和露西亚 / 精美古道具—简
/ 找到魔椅—简铭甫 / 达开想乐 —索菲亚 / 摩登波丽—丹尼

收藏法则

1. 仔细观察、安静地看，倾听内心的声音。
2. 多看、多问，并做足功课，谦和学习，慢慢摸出自己的风格与品味。
3. 每个人踏入这行的理由与偏好不同，不盲目追求名家单品，适合自己最重要。
4. 老物收藏的宗旨在于使用，或作为空间装饰（Deco），让它们能够在生活中发挥价值。
5. 物品使用上中性、设计原创性是重要元素。
6. 依自己可负担的预算而定。从小物入手，杯盘、文具、灯具等，让老物自然而然地融入、装点生活。
7. 依环境可负担，较大的物件需要考量到空间是否许可，让老物能够适当地被使用。
8. 通常会有一段时间藏家热衷于收集某一种老物，原因在于看见有人将某种老物的美表现得很杰出。
9. 如果想收有高价值有品牌的，就需要多找资料多做功课，因为高价值的有牌老件可能也会有许多仿冒品。
10. 收藏就在生活周围，不一定要有花费，找到真正喜欢的，别人眼中的垃圾也会变黄金。

保养整理

木类

· 整理

1. 尽量一开始即收本身材质状况好的木件，就不必费心修复了。
2. 有些店家会将木制家具类做改色的动作，将表面的木色抛掉，还原原色，再反复多次上想呈现的色调。例如想表现灰白色，会多次上白色、灰色，重新磨掉、抛掉，以呈现怀旧色泽。这项手续很耗工时，过程繁复，因此改色后的家具单价更高。

· 保养

1. 只要物品本身的木质够好够实，基本上不太需要保养，只需用拧干的湿抹布轻擦即可。
2. 尽量不要在太阳下过度曝晒以免脆裂。
3. 每个月约 1-2 次，使用蜜蜡、护木油等天然家具

蜡定期清洁，或者可以利用家中剩余的乳液或护手霜（白色、粉色为佳，以不将木材染色为基本原则）涂抹保养。

金属类

·整理

1. 若想让外观维持原有的自然痕迹，但又觉得触感不佳，颗粒感重，可以上一层透明漆，让它摸起来是平滑的，也不会继续氧化。

2. 欲要去除铁锈的部分，用菜瓜布轻轻拭去锈迹，很快地以清水洗净后擦干，再做后续保养，若状况实在不佳可考虑重新烤漆。

3. 改色，整理时把原来的颜色抛掉，留下原件的颜色，再上铁的保护色，许多工业风物件都经过这些整理，如此每个不同的材质会呈现不同颜色。

·保养

1. 金属长时间生锈到了一定的程度，会呈现稳定的状态不会再继续锈下去。

2. 上各金属类型的保养油。

皮革类

·整理

一般来说，收藏再使用的皮革类物件，会选择较好的皮质，以完整性较高的品项为原则，因为皮件修复整理不易，龟裂即后难以复原。若皮革发霉，以湿棉布拭去霉斑，干燥后用干布沾保养油均匀涂抹在皮革上即可。

·保养

1. 若本身材质状况很好，不需要太费心保养，以地毯清洁剂轻轻喷，再以干净抹布擦干即可。或者，用皮件专用的毛刷轻刷，然后将皮革保养油沾在干布上，均匀地涂在皮革上，不要直接把保养油倒在皮革上。

2. 避免阳光直接曝晒，这样易造成表面龟裂。

电器类

·整理

1. 欧洲的灯具、电器，线路和电压皆要换。因为欧洲电压（220V）和台湾地区的电压（110V）不同，改换较为麻烦，通常会直接购买转接插头使用。

2. 先将机械拆解，处理生锈部分后，清洗马达轴承，重新整理线路、电路。重整时所需的零件、线路要找与当时相同的款式组装。最后再慢慢拼装回去。早期电器老件每道制作组装手续都需要人工，并不是一体成形，所以能慢慢拼装，也能慢慢拆卸。收款机、打字机等其他复杂机械维修，则较为困难。

·保养

1. 功能完好的老家电，建议可以经常使用，如灯具、音响等，过电就是最佳的保养方式。

2. 牙刷、拭镜抹布和高科技泡棉，皆可轻易地清洁电器和灯具老件细部关节和局部重点。

修复程度

处理铁锈或修复木件、机械虽然有大致通则，如去迹、清洗、上油保养，但修复者的手感与 sense 很重要，必须在修复时判别该做到什么程度，才能得以最贴近当时原貌而不会把最有老年代味道的部分刮擦掉。— LUMINANT / 约翰

遗失锁匙

若有遗失钥匙的老件，可考虑找锁匠重新配锁，通常锁匠的技术可以复原大多数老件的锁匙。— Vintage&Deco / Deniel

索引

024、027、028、029、030、036、037、038、039、040、083、084、206、207、208、252、310、311、312、313、363、364、365、427、489

台北｜Luminant-VI Studio｜约翰

● Add：台北市大安区文昌街 47 号　　● Time：周一至周六 13：00-19：00　　● FB／WEB：Luminant／www.luminant.tw

095、096、097、098、131、139、156、157、255、256、257、287、306、307、308、314、346、351、377、378、397、398、406、429、430、458、462、499

台北｜Vintage&Deco 复古。饰｜Stacie & Lucia & Daniel

● Add：台北市松山区八德路四段 106 巷 8 弄 7 号　　● Time：周一至周六 11：00-20：00　　● FB：Vintage&Deco

035、053、062、085、130、140、141、142、147、148、149、150、151、153、154、155、164、194、224、225、288、315、316、317、388、432、433、434、486

台北｜达开想乐 Deco Collect｜Sophia

● Add：台北市大同区南京西路 251 号　　● Time：周一至周六 11：00 ~ 19：30、日 11:00-18:00　　● FB：达开想乐

011、012、013、014、015、100、101、142、162、163、164、165、180、183、238、241、382、457、459、460、461、463、465、487

台北｜Modpoly 摩登波丽｜Danny

● Add：台北市大安区复兴南路一段 295 巷 16 号　　● Time：周一至周六 13：00-21：00　　● FB／WEB：摩登波丽／www.modpolyltd.com

047、048、104、105、175、177、178、239、240、272、273、276、283、300、335、338、431、438、466、467、468、484

台中｜Belleville 264 Studio｜阿峰

● Add：台中市西区公正路 220 号　　● Time：采预约制　　● FB：Belleville 264 Studio

025、026、182、197、279、296、353、354、355、360、361、362、420、421、422、423、424、425、426、492

台中｜Reborn Antique 古董杂货铺｜Edward

● Add：台中市南区仁义街 71 巷 12 号　　● Time：采预约制　　● FB：Reborn Antique 古董杂货铺

086、087、088、099、165、166、167、168、195、211、212、213、214、237、245、259、260、261、262、263、356、357、358、359、500

台中｜昨日 Yesterday Studio｜克拉克

● Add：台中市南屯区大墩四街 157 号 1 楼　　● Time：采预约制　　● FB：昨日 Yesterday Studio 旧货 家饰 老东西

041、042、043、044、109、110、111、112、113、114、115、116、244、253、254、258、266、322、323、324、325、326、327、328、329、330、331、332、333、334、344、493

台南｜Showroom26｜Chris

● Add：台南市中西区河中街55号　● Time：采预约制　● FB / WEB：Showroom 26 / www.showroom26.com.tw
● Cel：0913−813−050

063、064、079、080、081、082、209、210、318、319、320、321、339、340、341、342、343、352、475、478、496

台南｜鸟飞古物店｜叶家宏

● Add：台南市永康区忠孝路410巷85号对面仓库　● Time：采预约制　● FB：鸟飞古物店　● Cel：0925−892−192
198、251、282、298、299、366、369、370、371、372、373、376、402、403、404、405、439、440、441、442、
443、453、472、473、474、476、477、480、485

嘉义｜旧美好.生活器物.古道具｜橡皮擦先生

● Add：嘉义市东区兴中街32巷15号　● Time：采预约制　● FB：旧美好.生活器物.古道具　● Cel：0922−
900−246

054、072、073、074、075、076、077、078、169、170、171、172、173、174、181、270、271、302、303、337、
345、384、385、386、396、428、454、498

图片摄影、采访撰文

地点	场地 & 商品提供店家（按笔画排序）	店主	采访撰文	摄影
台北	iwadaobao Joanne & Fabien	李苹芬	陈威文	
	Swallow 燕子	吴建兴		
	古道具 Delicate	Jin		
	找到魔椅 Mooi Trouvé	简铭甫		
	香色	Jin		
台北	Brunswick Antiques	傅龙华 & Ben	Alice Wang	陈威文
	Homework	Marko		
	impresstyle 威利			
	LUMINANT—VI Studio	约翰		
	Vintage&Deco 复古。饰	Stacie & Lucia & Daniel		
	达开想乐 Deco Collect	Sophia		
	Modpoly 摩登波丽	Danny		
台中	Belleville 264 Studio	阿峰	Funny Li	王士豪
台中	Reborn Antique 古董杂货铺	Edward		
台南	Showroom26	Chris		
台中	昨日 Yesterday Studio 克拉克			
台南	鸟飞古物店	叶家宏		
嘉义	旧美好.生活器物.古道具	橡皮擦先生		

地点	场地 & 商品提供店家（按笔画排序）	店主	采访撰文	摄影
日本	Indigo	比嘉亮	吴旻蓁 译	店家提供
	Point No.38		Point No.38	
	水无月		水无月	